CHÂTEAU DE PEYREPERTUSE 7

Die größte Festung der Katharer – ein grandioser Wehrbau mit Weitblick.

Tipp: Komm nachmittags – dann hat sich die Quellbewölkung über den Bergen verzogen und der Fels leuchtet in der tief stehenden Sonne.

➤ S. 83, Roussillon

GORGES DU TARN 9

500 m tief hat der Fluss Tarn sein Bett in den Fels gefräst – sein Canyon ist ein tolles Klettergebiet!

➤ S. 110, Cevennen

COLLIOURE 8

Bilderbuchstädtchen der wilden Maler am schönsten Küstenabschnitt des Roussillon.

Tipp: Gib deinen Bildern den richtigen Rahmen – Collioure hat sie aus Metall vor die Motive der Maler gestellt!

➤ S. 97, Roussillon

VIADUC DE MILLAU 10

Die längste Schrägseilbrücke der Welt ist auch Frankreichs höchste!

Tipp: Ungewöhnliche Ausblicke auf Norman Fosters Meisterwerk eröffnet die 40-minütige Führung „Sentier des Explorateurs".

➤ S. 115, Cevennen

INHALT

MARCO POLO TOP-HIGHLIGHTS

DAS BESTE ZUERST

SO TICKT DAS LANGUEDOC-ROUSSILLON

ESSEN, SHOPPEN, SPORT

MARCO POLO REGIONEN

ERLEBNISTOUREN

GUT ZU WISSEN

⏲	Besuch planen	🍴	Essen/Trinken
€–€€€	Preiskategorien	🧺	Shoppen
(*)	Kostenpflichtige Telefonnummer	🍸	Ausgehen
		⛱	Top-Strände

(🗺 A2) Herausnehmbare Faltkarte
(0) Außerhalb des Faltkartenausschnitts

BESSER PLANEN MEHR ERLEBEN!

Digitale Extras
go.marcopolo.de/app/lgr

MARCO POLO

DIGITALE EXTRAS

DIGITAL NOCH MEHR ERLEBEN

Schneller in Urlaubslaune kommen.

Perfekt organisiert sein – vor, während und nach dem Urlaub.

Mit der MARCO POLO Touren-App und unseren digitalen Angeboten.

Noch mehr Trendziele, Inspiration und aktuelle Infos findest du auf **marcopolo.de**

SO EINFACH GEHT'S

1. Website besuchen
2. Die digitale Welt von MARCO POLO entdecken
3. App runterladen und ab in den Urlaub

Alle Infos zum digitalen Angebot unter **marcopolo.de/app**

DAS BESTE ZUERST

Eine Brücke für die Wasserleitung über das Wasser: der Pont du Gard

BEST OF
BEI REGEN

SCHÖN, AUCH WENN ES REGNET

ROSA FARBEN IM BAUCH DER ERDE

1880 machte ein Schäfer auf dem Causse Noir Jagd nach einem Fuchs – und entdeckte so die *Grotte de Dargilan.* Lass dir diese Unterwelt nicht entgehen!

➤ S. 113, Cevennen

SHOPPING IN MONTPELLIER

Wenn es denn tatsächlich mal regnen sollte in Montpellier, dann ab zum Bummeln in die großen Einkaufszentren wie *Polygone* (Foto) oder *Odysseum!*

➤ S. 57, Languedoc

ERINNERUNG AN EINEN GROSSEN SÄNGER

Georges Brassens prägte das französische Chanson im 20. Jh. Das *Espace Brassens* in seiner Heimatstadt Sète macht klar, warum seine Songs noch heute die Franzosen begeistern.

➤ S. 62, Languedoc

PICASSO UND DER STIERKAMPF

Pablo Picasso liebte das Städtchen Céret. Dem dortigen *Musée d'Art Moderne* spendete er mehr als 50 Werke, darunter 28 mit Motiven des von ihm so geschätzten Stierkampfs.

➤ S. 95, Roussillon

BONBONS MIT SCHWARZER LAKRITZE

Am Eingang des *Haribo-Museums* in Uzès gibt es gratis ein Tütchen für jeden, der sich auf drei Etagen für die Geheimnisse der Süßigkeiten in der über 100-jährigen Geschichte der Fabrik interessiert.

➤ S. 107, Cevennen

AUSFLUG ZUM ZACKENBARSCH

Das *Aquarium* der Meeresforschungsstation von Banyuls präsentiert in 40 Becken alle Bewohner, die sich im Meeresschutzgebiet von Cerbère-Banyuls tummeln.

➤ S. 99, Roussillon

BEST OF LOW-BUDGET

FÜR DEN KLEINEN GELDBEUTEL

KREATIVES IM KÜHLHAUS

Früher lagerte im schlichten Nutzbau gefrorener Fisch. Heute zeigt die alte Kühlhalle von Sète als *Centre Régional d'Art Contemporain* kostenlos spannende zeitgenössische Kunst.

➤ S. 63, Languedoc

TIERISCH VIEL GEBOTEN IM XXL-PARK

Montpellier engagiert sich für die Artenvielfalt. Sichtbares Zeichen ist der *Parc Zoologique* mit seinen 1500 Tieren. 11 km lang sind die Entdeckungspfade und dazu ist noch der Eintritt frei – in welchem Zoo (Foto) gibt es das schon?

➤ S. 54, Languedoc

OPEN-AIR-KUNST IN DER GARRIGUE

In Mayronnes in den Corbières bringt dich der 5 km lange Pfad *Sentier Sculpturel* zu 18 zeitgenössischen Skulpturen von Künstlern aus ganz Frankreich. Im Sommer gibt es Konzerte und Führungen durch das Gelände.

➤ S. 78, Roussillon

FOTOFESTIVAL OHNE GRENZEN

Bei *Visa pour l'Image,* dem wichtigsten internationalen Festival für Fotojournalismus, bilden Kapellen, Kirchen, Paläste, Theater und selbst Supermärkte in ganz Perpignan Bühnen für grandiose Bilderschauen – kostenlos, selbst die abendlichen Filmvorführungen sind es.

➤ S. 131, Feste & Events

SETZ AUF DIE „WEISSEN KARTEN"

Profitier von der Kulturförderung im ländlichen Raum: Mit den kostenlosen Veranstaltungen *Cartes Blanches* erlebst du, was das Département Pyrénées-Orientales alles an Kultur und Kunst zu bieten hat.

➤ S.134, Gut zu wissen

BEST OF

MIT KINDERN

SPANNENDES FÜR GROSS & KLEIN

NERVENKITZEL UNTER TAGE

Ein gläserner Steg… und 200 m Leere unter deinen Füßen: Die riesige, vielfarbige Höhle *Gouffre Géant de Cabrespine* in der Montagne Noire ist nicht nur für Kinder ein Erlebnis. Unternimm eine Wanderung samt unterirdischer Bootsfahrt!

➤ S. 68, Languedoc

URZEITRIESEN HAUTNAH

Welche Dinos haben einst die Erde bevölkert? Das verrät der Park *Musée des Dinosaures* bei Mèze (Foto), wo sich Tyrannosaurus Rex und Co. im Kiefernwald tummeln. In einer riesigen Sandkiste können die Kleinen nach Dino-Knochen suchen!

➤ S. 61, Languedoc

DEM FALKNER ZUSEHEN

Bei der Greifvogel-Flugschau *Les Aigles de Valmy* auf dem Château de Valmy streifen die Schwingen von Adlern und anderen Greifvögeln die Besucher, auch Papageien und Eulen drehen frei fliegend ihre Runden. Wer mutig ist, meldet sich für eine *stage de fauconnerie* an und lernt hautnah den Umgang mit den Greifvögeln.

➤ S. 95, Roussillon

WILLKOMMEN IN AFRIKA

Das ganz Jahr hindurch lädt der riesige Tierpark *Réserve Africaine de Sigean* zur Begegnung mit Giraffe und Gepard, Tiger und Nashorn – erst geht es im Schritttempo fahrend durch die mediterrane Savanne, dann zu Fuß.

➤ S. 77, Roussillon

AUF GLEISEN RADELN

Hoch über dem Tal des Cernon locken unter dem Namen *Sur les Rails du Larzac* verschiedene Ausflüge mit der Draisine. Kinderleicht ist die Aussichtsstrecke „Les Orchidées", die mit leichtem Gefälle immer neue Paradeaussichten auf die Landschaft bietet.

➤ S. 117, Cevennen

BEST OF

TYPISCH

DAS ERLEBST DU NUR HIER

SCHIPPERN IM SCHATTEN DER PLATANEN

Der 240 km lange *Canal du Midi* aus dem 16. Jh. vom Mittelmeer nach Toulouse ist ein Wunderwerk der Technik. Entdecke ihn vom Hausboot aus.

➤ S. 67, Languedoc

HÖHLE MIT STALAGMITENWALD

In den Cevennen hat das Wasser riesige Höhlen ausgewaschen. Im Saal des *Aven Armand* hätte locker die Pariser Kathedrale Nôtre-Dame Platz. Mit der Zahnradbahn fährst du bequem in die raffiniert beleuchtete Unterwelt.

➤ S. 113, Cevennen

ALLTAGSLEBEN UND ANTIKE

Das *Amphitheater* von Nîmes liegt mitten in der Stadt und gehört – dank Konzerten, Kongressen oder Stierkämpfen – noch heute zum Alltag der römischen Kolonie von Kaiser Augustus (Foto).

➤ S. 44, Languedoc

DIE LETZTE KATHARER-BASTION

1255 fiel das *Château de Quéribus* als letzte Bastion der Katharer. Von der Höhenburg (728 m) genießt du grandiose Weitblicke über die Corbières zum Mittelmeer und den Pyrenäen.

➤ S. 82, Roussillon

BESONDERE ARCHITEKTUR

Alles ist monumental in dem Stadtviertel, das der Katalane Ricardo Bofill in Montpellier auf einem ehemaligen Militärgelände gebaut hat. Erlebe die Wucht der Postmoderne in *Antigone*. Mit dem *Arbre Blanc* am Lez erfährt sie ihre filigrane Fortsetzung.

➤ S. 54, 55, Languedoc

MIT DER KUTSCHE DURCHS SALZ

Seit der Antike wird im Languedoc Meersalz gewonnen. Wie die Sauniers mit großen Rechen Fleur du Sel gewinnen, erfährt man in der *Salin de la Palme* bei Kutschfahrten durch Salzgärten.

➤ S. 93, Roussillon

SO TICKT DAS LANGUEDOC-ROUSSILLON

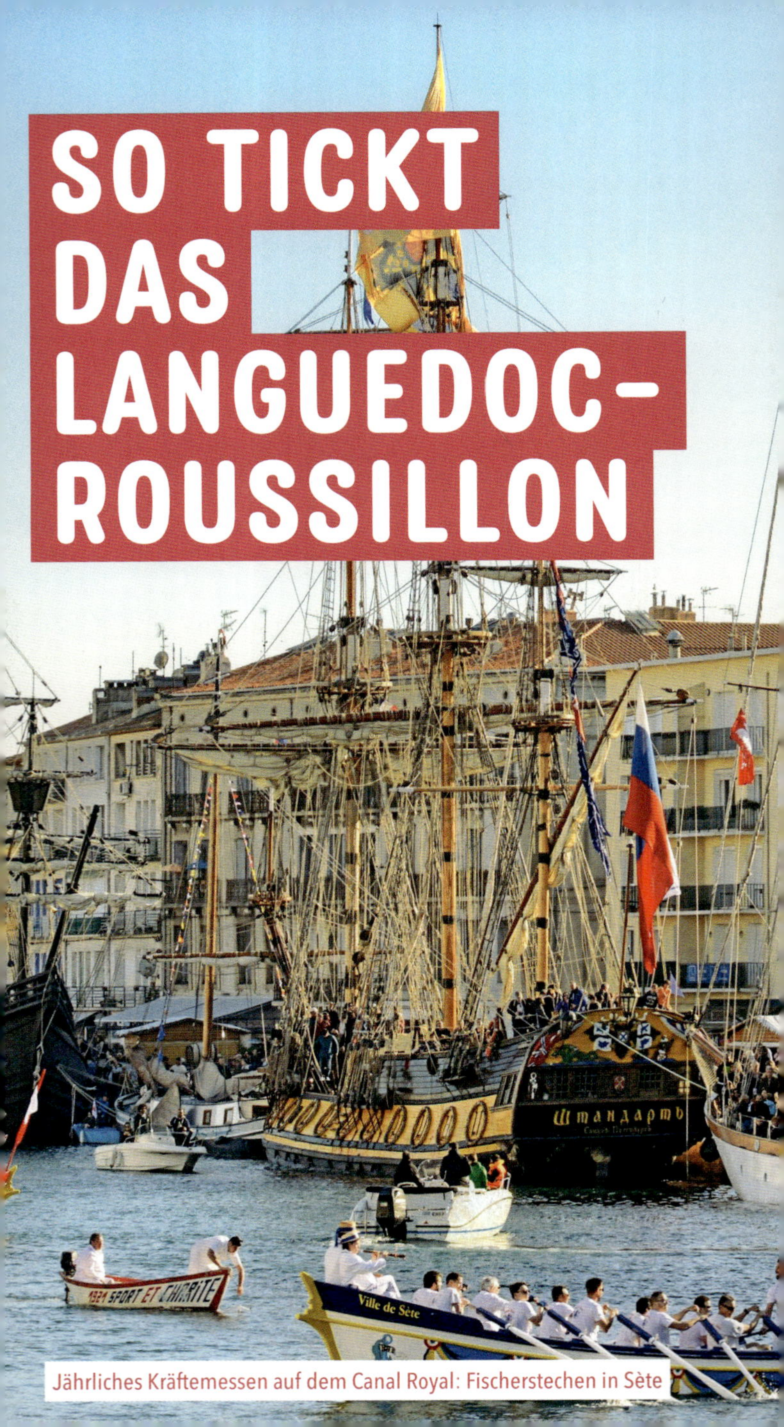

Jährliches Kräftemessen auf dem Canal Royal: Fischerstechen in Sète

VILLE DE SETE

ENTDECKE DAS LANGUEDOC-ROUSSILLON

Monumentale Symmetrie: im Quartier Antigone in Montpellier

Strandvergnügen und Kultur, pralles Leben in quirligen Städten und wildromantische Landschaften – all das bietet das Languedoc-Roussillon. Das Freizeitangebot in den Badeorten am Mittelmeer ist riesig. Im Hinterland steigst du zu den Burgen der Katharer hinauf oder reist in der Cité von Carcassonne ins Mittelalter. Die Pyrenäen und Cevennen bieten einsame Wanderberge, durchzogen von Flüssen – beim Raften erlebst du die Wildwasser von Tarn, Ardèche und Aude.

FRANKREICHS FLORIDA

Zwischen der Rhônemündung und der spanischen Grenze reihen sich am Golfe du Lion entlang des 200 km langen Sandstrands ein halbes Dutzend Badeorte aus der Retorte. Als der Staat in den 1960er-Jahren beschloss, die mückenver-

2. Jh. v. Chr. Eroberung durch die Römer

3.–8. Jh. Alemannen, Wandalen, Westgoten und Sarazenen erobern die Küste

1112 Der Graf von Barcelona wird Herr des Languedoc

1204 Der König von Aragón herrscht über Montpellier, den Gévaudan und Millau

1209 Beginn des Kreuzzugs der katholischen Kirche gegen die Katharer

1250–1320 Die Inquisition löscht den Katharismus aus

seuchte Küste für den Tourismus zu erschließen, begann das Projekt mit einem Paukenschlag: La Grande-Motte. Die pyramidenförmig gestaffelte Ferienanlage mit allem, was dazugehört, um die Ferienideen der Zukunft zu verwirklichen, ist bis heute so einmalig wie bei der Entstehung. Wer hier Urlaub macht, hat eine Wahl getroffen: für Sonnenbaden und für das Meer, fürs Surfen, Schnorcheln, Segeln.

Das Languedoc-Roussillon ist jedoch weit mehr als nur ein „französisches Florida". Schon bei Ausflügen ins küstennahe Hinterland gibt es viel zu entdecken. Tauch in Tautavel ein in die Welt des ältesten Europäers, staun über Meisterwerke römischer Baukunst wie den Pont du Gard, die Arena und die Maison Carrée in Nîmes, entdeck frühe Siedlungen wie Oppidum d'Ensérune oder fühl die Vibes so quicklebendiger Städte wie Béziers und Narbonne. Die Universitätsstadt Montpellier ist ein Versuchsfeld für innovative Architektur und hat kühne Stadtprojekte wie Antigone und Odysseum verwirklicht. Perpignan kultiviert am Schnittpunkt der Kulturen zwischen Spanien und Frankreich seine katalanische Tradition.

MEDITERRANE STADTABENTEUER

Die Städte im Languedoc-Roussillon sind Spielwiesen für Architekten von Weltruf. Montpellier hat nach Ricardo Bofill Stars wie Jean Nouvel für das Rathaus, Zaha Hadid für die Bibliothek des Departements, Philippe Starck für das Sportzentrum Le Nuage oder Sou Fujimoto für den futuristischen Wohnbaum Arbre

1276–1344 Königreich von Mallorca, Hauptstadt ist Perpignan

1659 Pyrenäenfrieden: Nordkataloniens fünf Provinzen werden französisch

1666–1680 Bau des Canal du Midi

1963 Beginn der touristischen Erschließung der Küste

2018 Das Musée de la Romanité eröffnet in Nîmes

2020/2021 Corona-Pandemie: Wiederholte Lockdowns verzögern auch die Eröffnung des Museums Narbo Via in Narbonne

Blanc verpflichtet. Nîmes hat für das Kunstmuseum gegenüber des römischen Tempels Maison Carrée Lord Norman Foster gewählt, der Millau eine der schönsten Autobahnbrücken der Welt beschert hat. Der Preis ist hoch. Die Kommunen wie Perpignan haben sich für die architektonischen Juwele wie das Theater L'Archipel von Jean Nouvel hoch verschuldet und verlangen mit Montpellier oder Nîmes mittlerweile die höchsten Wohnsteuern in ganz Frankreich.

DIE BURGEN DER KATHARER

Im Hinterland der Küste geht es etwas ruhiger zu. In den Montagnes Noires und im *pays cathare,* dem Land der Katharer, Christen aus dem späten Mittelalter, die die katholische Kirche als Ketzer abstempelte, wird das Erbe neu inszeniert. Skywalks, gläserne Aussichtsplattformen und Brücken sorgen für Nervenkitzel in der Höhle von Cabrespine wie auch in der Burg von Peyrepertuse. Raubvogelschauen und Mittelalterfeste beleben die alten Festungen. Kann man es den heutigen Nachkommen der Katharer verdenken, dass sie aus dem tragischen Schicksal ihrer Vorfahren Kapital schlagen und ihre Produkte – vom Wein über Konfitüren bis Kunsthandwerk – mit diesem Etikett schmücken?

WILDE BERGE

Oder locken dich die Cevennen? Die Welt der einsamen Bergdörfer, der Kastanienwälder, der halb verfallenen Bauernhöfe? Im Frühjahr beginnt die *transhumance,* der Auftrieb der Kuh- und Schafherden zu ihren Sommerweiden. Das weit verzweigte Netz der *drailles,* der seit Urzeiten von den Herden ausgetretenen Pfade, überzieht die Landschaft bis zu den Höhen des Mont Aigoual, Mont Lozère und Mont Aubrac. Doch die Cevennen sind nicht nur Höheneinsamkeit. Ebenso berühmt wie die in den Fels geschlagene Corniche des Cévennes sind die Schluchten der Gorges du Tarn. Es gibt daneben noch andere, weniger bekannte, aber genauso wildromantische Canyons: die Gorges de la Jonte, Gorges de la Dourbie, Gorges de la Vis. Sie durchziehen und trennen die Causses, karge, fast baumlose Kalkhochplateaus. Die Cevennen sind schon seit 1970 französischer Nationalpark. Hier kreisen über den Schluchten des Tarn wieder die Geier, hier werden die einst aus Osteuropa eingeführten Przewalski-Pferde vor dem Aussterben gerettet.
Weiter südlich, in den Ostpyrenäen, warten Bergabenteuer zwischen den Bergspitzen von Carlit (2921 m) und Canigou (2785 m). Die Bergwelt der Pyrénées-Orientales im Roussillon ist ein großartiges Ziel für alle, die einsame Bergnatur und Begegnungen mit der Bevölkerung suchen. Schwing im Winter auf Pisten oder im Tiefschnee die Hänge hinab, lauf mit Langlaufski oder Schneeschuhen durch tief verschneite Wälder. Und genieß beim Wandern und Gipfelklettern immer wieder neue Ausblicke aufs Mittelmeer, das sogar zu Neujahr mit Badespaß lockt. Languedoc-Roussillon: Was für eine Badeküste! Und was für ein Hinterland! Lust auf neue Entdeckungen?

AUF EINEN BLICK

1 UFO-LANDEPLATZ

Laut Anhängern des Überirdischen ist dies der Pech de Bugarach. Für Pessimisten war er der einzig sichere Ort für den laut Mayakalender für 2012 angekündigten Weltuntergang.

220 km

Küstenlänge

Festland-Küstenlänge an der deutschen Ostsee: 328 km

LOZÈRE

15 Ew./km²

ist das am geringsten besiedelte Département der Region (Großraum Paris: 20.755 Ew./km²)

HÖCHSTER BERG: PIC CARLIT

2921 m

Zugspitze: 2962 m

HÖCHSTE TEMPERATUR

45,8°C

Hitzerekord am 28.6. 2019 in Gallargues-le-Montueux

ZAHL DER SCHAUHÖHLEN

15

Schauhöhlen in Deutschland: 53

6 UNESCO-WELTERBESTÄTTEN

Pont du Gard, Causses & Cevennes, Canal du Midi, Französische Jakobswege, Cité von Carcassonne, Festungsbauten von Vauban

MONTPELLIER

Größte Stadt mit 282.000 Einwohnern

BERÜHMTE PERSONEN

Georges Brassens (Sète), Molière (Pézenas), Cali (Vernet-les-Bains), Jean Cavalier (Kamisarden-Anführer; Cevennen), Juliette Gréco (Montpellier), Aristide Maillol (Montpellier)

DAS LANGUEDOC-ROUSSILLON VERSTEHEN

KÖNIGLICHER WASSERWEG

Jean-Paul Riquet, ein Ingenieur aus Béziers, verlor im 17. Jh. sein ganzes Vermögen. Der Nachwelt aber hat er mit dem Canal du Midi ein Werk hinterlassen, das zwar nie seinen wirtschaftlichen Zweck erfüllt hat, aber für Einheimische und Touristen zur Attraktion geworden ist. 338 Bauwerke, Tunnel, Schleusen, Brücken oder Ausgleichsbecken sind zwischen 1666 und 1681 von Sète am Étang du Thau bis nach Toulouse von 12 000 Arbeitern angelegt worden. Männer, Frauen, Kinder schufteten beim Bau des Kanals, der ursprünglich als *Canal royal en Languedoc* bezeichnet wurde. Zusammen mit dem Garonne-Seitenkanal verbindet er den Atlantik mit dem Mittelmeer. Die Wasserstraße wird gesäumt von Platanen und ist nicht nur ein Paradies für Hausboote, sondern auch für Fußgänger oder Radfahrer, die den *chemin de halage* erobert haben, den Treidelpfad, auf dem damals am Ufer Pferde die Schiffe zogen. Im Sommer lässt es sich in den *guinguettes,* kleinen, sympathischen Gastwirtschaften, schöne Pausen am Wasser einlegen. *canal-et-voie-verte.com, de.tourismecanaldumidi.fr*

SCHÄFERLAND

Causses heißen die fast menschenleeren, endlosen Hochflächen aus Kalkfels, die sich nordwestlich an die Cevennen anschließen: Causse Méjean, Causse de Sauveterre, Causse Noir und Causse du Larzac. Es ist eine Welt für sich, von grandioser Einsamkeit, dabei keineswegs so abweisend, wie sie auf den ersten Blick erscheinen mag. Schafherden ziehen übers weite Weideland. In die bis 1000 m hohen Causses haben Flüsse im Lauf der Jahrtausende tiefe Schluchten eingegraben wie die Gorges du Tarn, Gorges de la Jonte, Gorges de la Dourbie. Du kannst sie beim Wandern und Paddeln erleben oder auch auf einer geführten Bootstour. Und verpass auch nicht die zahlreichen Grotten der Region, z. B. Grotte de Dargilan, Aven Armand und Abîme de Bramabiau.

SPRACHBEGABT

Die Sprache, die der Region ihren Namen gegeben hat, entstand aus dem Umgangslatein und dem gallischen Sprachfundus. Der Langue d'Oc steht die Langue d'Oïl gegenüber, unterschieden durch die harte oder weiche Aussprache des „oui". Die Grenze zwischen den Sprachbereichen verlief nördlich des Massif Central. Im Mittelalter, mit den Troubadours, erlebte die Langue d'Oc, das Okzitanische, eine Blüte. Es hat in mehreren großen Dialekten in Südfrankreich überlebt. Ähnlich wie das katalanische Erbe im Roussillon ist auch das Okzitanische noch heute lebendig – rund 10 Mio. Menschen im Süden Frankreichs sprechen oder verstehen zumindest die alte Sprache.

TOREROTRÄUME

Stierkämpfe gehören im Süden von Frankreich von Ostern bis Oktober zum Lebensrhythmus dazu – sehr zum Ärger von Tierschutzverbänden. Die Gegner der blutigen Show schlagen in vielen Orten Protestplakate an und fordern ein Ende der „perversen Spektakel". 2012 hat der französische Staatsrat einen neuen Vorstoß der Tierschützer abgeblockt und die *corrida* als verfassungskonform beurteilt. Die Stierkampffans in Nîmes, Béziers, Carcassonne, aber auch in kleinen Städten wie Céret atmen auf. Neben der Corrida, bei der der Stier getötet wird, gibt es mit der *course camarguaise* auch eine unblutige Variante. Bei diesem Schaukampf müssen die *raseteurs* dem Stier den Schmuck zwischen den Hörnern entreißen.

DUFTWÜSTE

Rosmarin und Thymian, Zistrosen und andere niedrige Sträucher bilden eine überwiegend buschartige Wildnis, die in der Sonne des Midi stark duftet. Die *garrigue* ist die typische Vegetation im Bas-Languedoc, an den Ausläufern der

Beliebt bei Hausbooturlaubern, Radfahrern und Spaziergängern: der Canal du Midi

Pyramidenbau auf Katalanisch: *castells*

Corbières, im *pays cathare* und den Südhängen der Cevennen. Sie entspricht dem *maquis* oder der *macchia* in anderen Mittelmeergebieten, wächst aber im Gegensatz zu jenen auf Kalkböden und nur kniehoch.

FRANKREICHS SPANIER

Benvinguts! Zwar ist die Grenze zu Spanien mit dem Pyrenäenfrieden 1659 zugunsten Frankreichs verschoben worden, doch das ändert nichts am Identitätsgefühl der Menschen: Im Roussillon, einst Teil von Katalonien, ist die katalanische Tradition weiterhin zu spüren. Sie prägt die kulturelle Identität, etwa ein Drittel der Bevölkerung spricht noch Katalan im Alltag. Die katalanische Literatur wird weiter gepflegt. Das Gleiche gilt für Volksbräuche. Bei Festen etwa wird die *sardane* getanzt, ein streng choreografischer Volkstanz, begleitet von der *cobla,* dem Orchester. Menschen in rot-weißer Tracht bilden bis zu 10 m hohe Menschenpyramiden, die *castells*. Die *passejada,* ein abendlicher Korso der Jugend in den Straßen der Städte des *pays catalan,* gehört zum Alltag.

GLAUBENSSACHE

Pays cathare, Katharerland, ist das Languedoc-Roussillon bis heute, obwohl dieser Glaubensrichtung nur ein relativ kurzes Leben beschieden war. Ihre Lehre („Katharer" leitet sich vom Griechischen „die Reinen" ab) gründete auf den Worten eines Jüngers von Zarathustra, der im Persien des 3. Jhs. lebte: Während die geistige Welt des Lichts und der Schönheit Gottes Reich ist, herrscht Satan in der materiellen Welt. Im 12. Jh. fasste der Katharismus im Languedoc Fuß und wurde zum ernsthaften Konkurrenten für die katholische Kirche. Da die Katharer die Welt als Werk des Teufels ansahen, lehnten sie die Sakramente der katholischen Kirche, Jesus als den Erlöser und die Heiligen ab. Sie hatten eigene Bischöfe und Diakone und unterschieden sich in Eingeweihte, sogenannte *parfaits* oder *bonshommes,* und normale Anhänger, *croyants.* Da sie zuerst in der Stadt Albi hervortraten, nannte man die Katharer auch Albigenser.

1208 rief der Papst zum Kreuzzug gegen die „Ketzer" auf. Mit beispielloser Grausamkeit wurden sie verfolgt und getötet. Bei der Einnahme von Béziers gab es kein Pardon: „Tötet sie alle, der

Herr wird die Seinen erkennen", rief der Kirchenmann Arnaud Amaury aus. Unterstützt von der französischen Krone, wurde der Vormarsch der Kreuzzügler unter Führung des grausamen Simon de Montfort mehr und mehr zum Eroberungskrieg. Mit dem Fall der Katharerburgen Montségur 1244 und Quéribus 1255 war der Widerstand gebrochen. Es folgte die finstere Zeit der Inquisition, viele Katharer flohen ins Ausland. Ihren Spuren folgt heute der *Sentier Cathare* als Weitwanderweg von Port-la-Nouvelle bis nach Foix vorbei an Burgen, die wahre Felsfestungen sind.

FARBFEUER

Das Roussillon hat in der Malerei der Moderne eine bedeutende Rolle gespielt. In Collioure wurde mit Henri Matisse und André Derain 1905 der Fauvismus, die Malerei der *fauves,* der „Wilden", geboren. In Céret hielten sich von 1911 bis 1913 Pablo Picasso und Georges Braque auf und machten das Städtchen zu einem Mekka des Kubismus, in das im Lauf der Jahre jede Menge große Künstler pilgerten. Unter ihnen war auch Aristide Maillol, 1861 in Banyuls-sur-Mer geboren und dort 1944 auch gestorben. Der Künstler, der bei seinen Kollegen als „Cézanne der Bildhauer" galt, schuf für Céret ein in ganz Frankreich einmaliges Kriegerdenkmal: Es stellt keinen Soldaten dar, sondern eine trauernde Frau. Maillols Atelier in Banyuls ist heute ein Museum; Kopien seiner Werke schmücken nicht nur die Straßen des Seebads, sondern auch Plätze und Höfe in Perpignan.

KLISCHEE KISTE

FRANZOSEN KÖNNEN KEINE FREMDSPRACHEN

Früher kam man ohne ordentliche Sprachkenntnisse kaum durchs Land. Heute stehen Fremdsprachen in allen französischen Schulen auf dem Lehrplan. Passiv können viele Franzosen Deutsch oder Englisch – und ganz besonders an der Küste des Languedoc mit seinen vielen internationalen Gästen. Doch die Praxis fehlt. Ein „bonjour" oder ein nettes „merci" lassen dein Gegenüber aber offen und bemüht sein, dir zu helfen und dich als Gast willkommen zu fühlen.

FRANZOSEN FUTTERN NUR BAGUETTE

Jedes Jahr verkaufen Frankreichs 35 000 Bäcker rund sechs Mrd. Baguettes – und damit bis heute 100 Stück pro Kopf. Und wie es seit 1963 ein Weißbrot-Gesetz verlangt, muss ein richtiger Bäcker die knusprige Stange mit weichem Inneren stets selbst herstellen – und nie aufbacken: 250 g schwer und *bien cuite,* schön knusprig. Doch das Einheitsbaguette von einst präsentiert sich heute in einer bunten Vielfalt. Nicht nur klassisch, sondern auch als dünne „ficelle"-Stange, als „campagnarde" mit Vollkorn, Einkorn, Dinkel, Körnern oder Kleie. Und Füllungen wie Nuss oder Feige.

FLAGGE ZEIGEN

Die Erschließung der Küsten für den Tourismus brachte eine erhebliche Umweltbelastung mit sich. Um sie im Rahmen zu halten, wurde 1985 die Aktion Pavillon Bleu d'Europe („Blaue Flagge") ins Leben gerufen. Kommunen, die das begehrte Label erhalten wollen, müssen dafür sorgen, dass Häfen, Strände und das Wasser sauber sind, die Küste nicht wild zugebaut und der Müll vorschriftsmäßig entsorgt wird. Im Languedoc-Roussillon haben zuletzt bislang 37 Badeorte und 21 Häfen das Siegel bekommen und die Region damit zum Spitzenreiter in Frankreich gemacht. Die Blaue Flagge weht dabei nicht nur am Meer, sondern auch an Seen wie dem Lac du Salagou bei Clermont l'Hérault oder am Lac de Villefort in der Lozère.

FRATZEN & BÖGEN

Um 1000 n. Chr. kam die Romanik aus der Lombardei nach Languedoc-Roussillon. Zum Labor des neuen italienischen Kunststils wurden die Klöster in den Hochtälern des Roussillon, es waren die Grafen von Barcelona, die damit Abteien wie St-Martin-du-Canigou schmücken ließen – mit figurenreichen Kapitellen, Tympana, Kreuzgängen, Fresken oder Schmiedearbeiten. Die Romanik verband sich mit älteren maurischen Einflüssen vor Ort und schuf einen originellen Stil, dessen reich verziertes, florales Rankenwerk mit menschlichen Figuren und phantastischen Tieren auf die orientalischen Wurzeln verweist. Nach und nach eroberte die Romanik das restliche Languedoc. In St-Gilles-du-Gard entstand ein Ausnahmebau mit einer kunstvoll gestalteten Fassade mit drei Portalen und einer steinernen Spindeltreppe – der „Schraube von St-Gilles".

LIEBESWEG

Der schottische Schriftsteller Robert Louis Stevenson ist mit seiner „Schatzinsel" und der Geschichte von „Dr. Jekyll und Mr. Hyde" weltberühmt geworden. Seine literarische Karriere hat der Autor allerdings mit einem Esel begonnen. Weil seine damalige Geliebte und spätere Frau Fanny Osbourne nach Amerika reiste, um ihre Scheidung einzureichen, wollte Stevenson in der Einsamkeit des französischen Zentralmassivs zu sich kommen. Als Gefährtin auf seiner Wanderung von Le Puy-en-Velay nach St-Jean-du-Gard wählte er die Eselin Modestine. Sie brachte ihn in den zwei Wanderwochen zur Verzweiflung, verschaffte ihm aber das Material für sein Buch „Reise mit einem Esel durch die Cevennen". Die 220 km lange Strecke, die im Languedoc-Roussillon von Langogne über Le Bleymard, den Col de Finiels über Le Pont-de-Montvert und Florac nach Alès führt, ist heute als Wanderweg GR 70 mustergültig ausgeschildert *(chemin-stevenson.org)*.

HIMMELSPUTZER

Wie im Rhônetal der Mistral, bläst von den Pyrenäen der kalte Tramontane über das Roussillon und die Corbières-Berge – in der Region um Perpignan durchschnittlich an 192 Tagen im Jahr. Er sorgt für frische Luft, kühlt aber oft auch das Mittelmeer ab. Dank des Tramontane hat sich das Languedoc-

Roussillon zu einer Hochburg für Windenergie entwickelt. Die in mehreren Windparks gruppierten *éoliennes* (Windmühlen) produzieren fast die Hälfte der Windenergie in Frankreich. Die Einheimischen sind wenig begeistert von der Verspargelung ihrer Landschaft. Immer häufiger formiert sich Widerstand gegen die Leuchttürme der grünen Energie.

TRÖDELSPASS

Unter dem Motto *vide-grenier,* das „Dachboden leeren" bedeutet, laden vor allem im Sommer zahlreiche Dörfer zu Flohmärkten ein. Die Bewohner verkaufen alte Möbel, Kleider, ausgemusterte Haushaltsgeräte und Trödel aller Art. Meist ist auch für geselliges Zusammensein gesorgt: Die Märkte werden oft von örtlichen Sportvereinen organisiert, die mit dem Verkauf von *paella*, *cassoulet* oder Grillwürstchen ihre Kasse aufbessern.

TRAUMTROPFEN

Mit fast einem Drittel der Gesamtrebfläche ist das Languedoc-Roussillon Frankreichs größte Weinregion. Der Ruf, hauptsächlich billige Massenware zu produzieren, gehört dort der Vergangenheit an. Seit den Achtzigerjahren wurde mehreren Weinbaugebieten im Languedoc und im Roussillon der AOC-Status (Appellation d'Origine Contrôlée) zuerkannt. Die Region erzeugt mit jährlich rund 14 Mio. hl 50 Prozent des französischen Weins und 98 Prozent der *vins doux naturels:* natursüße Tropfen wie die Muskatweine von Rivesaltes, der Wermut Noilly Prat, der Aperitif Byrrh und der Banyuls, ein portweinähnlicher, zumeist roter Likörwein.

Eine Mine wurde zum Weinkeller: Terra Vinea in Portel-des-Corbières

ESSEN SHOPPEN SPORT

Alles Käse im Spezialitätengeschäft in Narbonne

GES
Comté 18 mois
Sélection du
Comté
de 10 à 18 mois

ESSEN & TRINKEN

Die Küche der Region ist so vielfältig wie ihre Landschaften. Freu dich auf einmalige Spezialitäten, traditionsreiche Gerichte und frische, junge Küche.

SPEZIALITÄTEN AUS DEN BERGEN

In den Cevennen werden Schimmelpilzkäse wie der Roquefort (aus Schafsmilch) und der etwas mildere – und billigere – Bleu des Causses (aus Kuhmilch) hergestellt. Eine weitere Spezialität ist der Pélardon, ein kleiner, rund 60 g schwerer Ziegen-Rohmilchkäse aus den Cevennen, der unter der Herkunftsbezeichnung AOC geschützt ist. Aus den zahlreichen Flüssen der Bergregion kommen *truites* (Forellen) und *écrevisses* (Krebse). Eine Forellenzucht mit dem Bioetikett gibt es im Lac de Villefort im Nordosten der Lozère.

Eine große Rolle spielen seit jeher Esskastanien und Pilze. Ohne die Kastanie hätten die Bergbewohner in Notzeiten kaum überlebt. Die *châtaigne* wird im Oktober/November gesammelt und als Beilage zu Fleischgerichten wie *garennes* (Wildkaninchen) serviert. Aus Kastanienmehl wird *pain de châtaigne* gebacken und – am besten warm – zu *foie gras* (Gänse- oder Entenstopfleber) serviert. Besonders lecker, etwa mit Quark oder Joghurt, ist süßes Kastanienpüree.

FRISCHE MEERESKÜCHE

Im Languedoc ist die Küche typisch mediterran. Das heißt: Kräuter wie Thymian, Rosmarin, Salbei, Estragon, Basilikum, die wild in der kargen *garrigue* wachsen, werden zum Verfeinern der Speisen ebenso verwendet wie Olivenöl, das Produkt uralter Haine. In den Gärten wachsen Tomaten und Rüben in allen Formen und Farben, Auberginen und andere Gemüse des Südens. Das Meer liefert (noch)

Saftige Entenkeule und deftiger Cassoulet-Eintopf

eine Fülle frischer Fische, Muscheln und Schalentiere. *Anchois* (Sardellen) und Sardinen sind besonders beliebt. *Huîtres* (Austern) werden auf den Bänken von Bouzigues bei Sète und im Étang de Salses-Leucate gezüchtet. Seeigel sind inzwischen eine selten gewordene Spezialität. Koste die Meeresfrüchte direkt beim Züchter bei einer dégustation de fruits de mer. Roh oder gekocht, mit Knoblauch und Petersilie gewürzt, isst man die *tellines,* kleine Muscheln, deren feines Fleisch köstlich schmeckt.

FLEISCH & BOHNEN

Du isst gerne Fleisch? Dann musst du in der Camargue *bœuf à la gardiane* (oder *gardiane de toro*) probieren: Das Rindfleisch wird mehrere Stunden in Kräutern mariniert und dann geschmort. Ein traditionelles Gericht, das vor allem im Winter auf den Tisch kommt, ist *cassoulet.* Es gibt drei Rezepte, kreiert in Toulouse, Castelnaudary und Carcassonne. Alle drei haben als Hauptbestandteil weiße Bohnen, die Unterschiede liegen in der Wahl der Fleischzutaten: Ente, Eisbein, Schweineschulter und/oder grobe Wurst? Das cassoulet von Castelnaudary gilt als das authentischste, vielleicht deshalb, weil in der Umgebung der Stadt die ideale weiße Bohne für das Gericht wächst, die *haricot lingot du lauragais*, die das Aroma der anderen Zutaten gut aufnimmt.

SPANISCH INSPIRIERT

Im Roussillon ist die Küche bereits stark katalanisch geprägt. Die weite Küstenebene rund um Perpignan ist ein einziger Obst- und Gemüsegarten. Man erntet die ersten Kirschen Frankreichs, Roussillon-Aprikosen, Artischocken und Spargel. Fisch und Meeresfrüchte spielen ebenfalls eine große Rolle.

NEUES IM GLAS

In Südfrankreich steckt der Weinbau im Wandel – junge Winzer übernehmen traditionsreiche Familiengüter, und längst sind auch die Genossenschaften mitten in der Umstellung auf Bio und Nachhaltigkeit. Aus einem der größten Weinbaugebiete der Welt kommen Traditionsprodukte wie der Schaumwein Blanquette de Limoux nach einem Mönchsrezept von 1531. Damit wäre das Getränk, das zu über 90 Prozent von der Mauzac-Rebe kommt, sogar älter als der Champagner. Als *Appellation d'Origine Contrôlée (AOC)* eingestuft ist der Fitou, der aus Carignan Crus von Weltklasse macht – am Meer bei Cave und Fitou, rund um Cascastel-des-Corbières, Tuchan und Villeneuve. Durch die AOC Corbières führt eine Weinroute hin zu alten Kellern und neuen Naturwein-Produzenten. Auch im Vallée de l'Agly gibt es kaum noch chemische Keulen – die alten Grenache-Rebstöcke liefern hochprämierte Spitzenweine. Die neueren AOC-Gebiete wie Faugères, St-Chinian, Minervois oder die Costières de Nîmes am Ufer der Rhône haben sich vom einfachen Massenwein verabschiedet und überraschen mit sorgfältig ausgebauten Tropfen selbst in Weiß. Konkurrenzlos sind in Frankreich die goldglänzenden Muskatweine von Rivesaltes oder Frontignan sowie die süßen und schweren Dessertweine aus Banyuls und Maury.

VOM FRÜHSTÜCKSTISCH ZUM RESTAURANTBESUCH

Das Frühstück *(petit déjeuner)* besteht häufig nur aus Baguette, Croissant, Pain au Chocolat, Butter und Konfitüre sowie Kaffee oder Tee. Mittags wird in Restaurants zwischen 12 und 14 Uhr das déjeuner serviert – als Tagesgericht *(plat du jour)* oder Menü mit drei Gängen. Das Abendessen *(dîner)* fällt in die Zeit zwischen 19 und 22 Uhr. Mit den Wartezeiten zwischen den Gängen dauert es eineinhalb bis zwei Stunden. Bestell für abends den Tisch vorab! À la carte zu essen ist rund 30 Prozent teurer als ein Menü, allerdings fallen die Speisen auch üppiger aus. Seit einigen Jahren wird auch die Kombination aus Vorspeise und Hauptgang bzw. Hauptgang und Dessert mittags wie abends angeboten. Das Siegel „Bistrot de Pays" *(bistrotdepays.com)* schmückt kleine, ländlich gelegene Lokale, die typische Regionalküche zu günstigen Preisen auf der Karte führen. In größeren Städten und touristisch geprägten Urlaubsorten findest du neben Restaurants auch Bistros und Brasserien, Crêperien und Cafés mit frischer Saisonküche. Und mit etwas Glück auch Weltküche aus Afrika, Asien und der Karibik.

Der größte Fauxpas beim Restaurantbesuch? Stürm' nicht an den erstbesten freien Tisch, sondern warte, bis dir die Bedienung einen Tisch zuweist, die Wasserkaraffe auf den Tisch stellt und mit dem Überreichen der Speisekarte sogleich nach dem Aperitif fragt. Auch wichtig: Lass bei jedem Lokalbesuch etwas Trinkgeld liegen. Beim schnellen Kaffee 20 Cent, beim Essengehen rund fünf bis zehn Prozent vom Endpreis. Einzeln zu zahlen, ist unüblich – die Rechnung wird pro Tisch ausgestellt.

Unsere Empfehlung heute

Vorspeisen

BOUILLADE
Fischsuppe mit Brotscheiben, die mit Knoblauch eingerieben und mit Olivenöl beträufelt sind

SALADE DE CHÈVRE CHAUD
Blattsalat mit buntem Gemüse und warmem Schafkäse auf geröstetem Baguette

VORSPEISENTELLER
Anchovis (gepökelte Sardellen), Anchoïade (Sardellencrème), Tapenade (Olivencrème), eingelegtes Gemüse, luftgetrockneter Schinken und Käse der Region

TIELLES SÈTOISES
kleine Teigtaschen mit kleingehackten Tintenfischen, Tomaten, Zwiebeln und Knoblauch

Hauptgerichte

CARGOLADE
Schnecken mit Speck, Würsten, Lammkoteletts und *aïoli*

BOLES DE PICOLAT
Hackbällchen mit weißen Bohnen in einer mit Piment d' Espelette gewürzten Tomatensoße

CASSOULET
Bohneneintopf, mit Entenconfit, *confit de canard,* Schweine- oder Lammfleisch

BRANDADE DE MORUE
cremiges Stockfischpüree, als bestes gilt die Brandade de Nîmes

ALIGOT
Kartoffel-Käse-Püree mit deftigen Würsten oder Fleisch

PERDREAU À LA CATALANE
Rebhuhn mit Tomate, Knoblauchwurst und Oliven

Desserts

CRÈME CATALANE
dickflüssige Vanille-Eier-Sahne-Crème mit Karamell

ÎLE FLOTTANTE
Eischnee-Nocken mit Mandeln auf Vanillecrème

GEBÄCK
Mandeln, Aprikosen, Zitrone und Anis wandern in Spezialitäten wie *rosquillas* und *croquants,* die zum Kaffee oder auch zum Wein genossen werden

CAFÉ GOURMAND
Espresso mit einer Auswahl kleiner Süßspeisen und Küchlein

SHOPPEN & STÖBERN

SOMMER-TRETER

Sie sind die Schuhe des Sommers: Espadrilles. Flach oder mit Absatz, farbenfroh mit Streifen, Blümchen oder Strass, ist die traditionelle Stoffsandale der Pyrenäen heute In-Wear in den Ferien. Zumeist kommt das leichte Schuhwerk aus China und anderen Billigimportländern. Die schönsten und buntesten Schuhe werden wie im 19. Jh. wieder in St-Laurent-de-Cerdans im Süden von Arles-sur-Tech nahe der spanischen Grenze hergestellt. *Création Catalane (espadrille-catalane.com)* und *Les Toiles du Soleil (Tel. 04 68 39 50 02 | toiles-du-soleil.com)* haben die Tradition der katalanischen Stoffherstellung des Orts neu belebt. Letztere produzieren aus Baumwolle und Leinen neben Schuhen auch Tischtücher oder Vorhänge. Die Auswahl im Fabrikshop ist günstiger und reichhaltiger als im Ladengeschäft in Perpignan *(1, place Léon Gambetta)*.

KREATIV & HANDGEMACHT

Ob in den Zentren Montpellier, Perpignan, Narbonne oder Carcassonne – oder kleineren touristischen Orten: Überall haben kreative *fabricateurs* ihre Boutiquen eröffnet und bieten Kunsthandwerk, das tief in der Region verwurzelt ist: Schöne Töpferwaren, originellen Schmuck, handgeflochtene Körbe, Stoffe mit provenzalischen oder katalanischen Mustern, handgeschöpftes Papier und Dekoratives für Haus und Garten werden angeboten.

SO KLINGT DAS LAND

Die enorme Popularität des katalanischen Volkstanzes *sardane* hat dazu geführt, dass die dazugehörigen Orchester, die *coblas,* über die Grenzen der Region hinaus bekannt geworden sind. Hör mal rein in die Musik der großartigen Cobla Millenaria oder der Cobla Perpinya („Les plus belles années sardanes").

Vor allem bei Rot- und Rosé-Weinen ist die Auswahl groß

SCHLARAFFENLAND

Über den Wochenmarkt in einem der Städtchen und Dörfer zu bummeln, ist immer ein Vergnügen. Hier findest du all die Produkte, denen die französische Küche ihren guten Ruf verdankt. Kleine Produzenten mit wenigen Produkten sind zu empfehlen, denn sie beziehen ihr Gemüse, Geflügel oder den Käse garantiert nicht über den Großhandel. Das gilt auch für Spezialitäten wie verschiedene Honigsorten, den Edelpilzkäse Bleu des Causses, Gewürze, eingemachte Esskastanien, Wurstwaren und die Weine der Region. Hier findet man vielleicht auch ein Souvenir, sei es ein geflochtener Korb, Keramikwaren oder anderes regionales Kunsthandwerk. In der Hochsaison finden in den Badeorten täglich Märkte statt. Beliebt sind auch die Kunsthandwerkermärkte, die als *marchés de nuit* erst abends beginnen und mitternachts enden.

GROSSEINKAUF

Für den (Familien-)Großeinkauf sind die riesigen Supermärkte *(hypermarchés)* an den Stadträndern perfekt. Das Sortiment an günstigen Markenartikeln ist sehr groß und aufgrund gesetzlicher Vorgaben findet man in den Regalen auch regionale Produkte.

FEINE TROPFEN

Zum Weinkauf laden zahllose *caves* (Kellereien), *coopératives* und *viticulteurs* (Winzer) ein. Liebhaber folgen den Weinrouten von den Costières de Nîmes über die Coteaux du Languedoc bis hinunter nach Banyuls. Besondere Mitbringsel sind die in schöne Flaschen gefüllten *vins doux naturels,* also natursüße Weine wie der Muscat de Rivesaltes oder der rote, süße Banyuls. Besonders günstig ist Wein *en vrac,* also „lose" zum Selberzapfen oder in der *cuby,* einer Box mit Schlauch.

SPORT

Gerade in den Urlaubsorten an der Mittelmeerküste kannst du dich herrlich auspowern – an, auf und unter dem Wasser wie an Land. Das Angebot an Aktivitäten ist in allen Badeorten beispielhaft. In Segel-, Surf- und Tauchclubs stehen neben erstklassigem Material erfahrene Lehrer für Anfänger und Fortgeschrittene bereit.

Bei Ausflügen zu Fuß, mit dem Rad oder zu Pferd kannst du das Hinterland von den Cevennen bis zu den Pyrenäen entdecken, Landschaften von vielfältiger Schönheit.

ANGELN

Phantastische Angelreviere findest du in Seen, Flüssen und Bergbächen von den Cevennen bis zu den Pyrenäen. Tageskarten erhältst du bei den Touristenbüros. Meeresangeltouren werden u. a. angeboten von: *Gruissan Thon Club (quai d'Honneur | Gruissan | Tel. 04 68 49 14 41 | gruissanthonclub.fr); Catamaran Picardie (quai Colbert | Le Grau-du-Roi | Tel. 06 62 37 87 03 | catamaran-picardie.com).* Die *Compagnie Maritime Roussillon-Croisières (Tel. 04 68 21 12 08 | roussillon-croisieres.com)* hat Anlegestellen u. a. in den Häfen von Argelès, Collioure und Port-Vendres.

KANU & KAJAK

Erlebe die stille Welt der *étangs* an der Küste mit ihren Inseln und ihrer reichen Vogelwelt im Kanu oder Kajak oder beim Stand-up-Paddeln. Versierte Paddler nehmen die wilden Wasser der Oberläufe von Aude, Verdouble, Orb, Dourbie und Hérault und deren Schluchten in Angriff. Meereskajaks und -kanus kannst du an den Stränden der Badeorte stundenweise mieten. Auskunft: *Comité Régional Canoë-Kayak (Tel. 04 67 82 18 63 | ffck.org).* Für Ausflüge in der Tarnschlucht:

Seekajaks bei Palavas-les-Flots

Canoe Le Rozier (Brouillet | Le Rozier | Tel. 06 38 24 15 17 | rafting-canoe-tarn.fr). Für Ausflüge in der Audeschlucht: *Rodeo Raft (3, quartier de la Condamine | Belvianes et Cavirac | Tel. 04 68 20 98 86 | rodeoraft.com).*

GOLF

Für Golfer hat die Region den grünen Teppich ausgerollt und traumhaft schöne Plätze angelegt: mitten in der Natur in der Nähe der Städte Toulouse, Montpellier, Albi und Rodez. Und direkt an der Küste – wie den Golfplatz von St-Cyprien mit Blick auf das Mittelmeer.

RADWANDERN & MOUNTAINBIKING

In allen Badeorten findest du Fahrradverleiher. E-Bikes sind perfekt – so trotzt du der mitunter sehr starken Brise und kannst die Steigungen im bergigen Hinterland mit den Cevennen, den Corbières und den Pyrenäen bequem meistern. Markierte Radwege erschließen entlang der gesamten Küste die nähere Umgebung, Radwanderrouten verführen zu größeren Touren. Mountainbiker können sich auf rund 6300 km beschilderte Routen freuen. Sie sind nach Schwierigkeitsgraden farblich markiert. Über 120 solche Strecken für Mountainbiker (*vélo tout terrain,* kurz VTT) gibt es im Departement Lozère, darunter die große Überquerung des Zentralmassivs. Die 75 km vom Mont Lozère bis nach Ste-Enimie in der Tarn-Schlucht sind in knapp sechs, der 50 km lange Abschnitt von Ste-Enimie bis zum Mont Aigoual mit einem Höhenunterschied von mehr als 1000 m in knapp fünf Stunden zu schaffen (detaillierte Karten: *chamina.com*). In den Corbières ist eine 212 km lange VTT-Strecke durch die Weinberge in mehreren Etappen ausgeschildert, die zum Teil dem Weitwanderweg *Sentier Cathare (sentiercathare.fr)* entspricht.

REITEN

Die *centres équestres* der Küstenorte organisieren Strandritte, z. B. die *Ranch Colorado (rond-point Ste-Marie | Tel. 04 68 73 58 18 | ranchelcolorado.free.fr)* bei Canet-en-Roussillon. Ausflüge zu Pferd veranstaltet der *Poney Club des Salines (Villeneuve-lès-Maguelone | Tel. 06 88 72 36 10 | Facebook: poneyclub.dessalines)* bei Sète. Wenn du durch die Camargue galoppieren willst, bist du im *Mas de l'Espiguette (route de l'Espiguette | Tel. 04 66 51 51 89 | masdelespiguette.com)* bei Le-Grau-du-Roi gut aufgehoben. Ein 160 km langer Rundweg für Pferdewanderungen führt über vier Etappen von Florac über Meyrueis und Nissoulogres durch das Departement Lozère *(lozere-tourisme.com/equitation)*.

SEGELN & WINDSURFEN

Jeder Badeort mit Marina hat seine Segelschule mit Verleih, wo du Segeln, Windsurfen, Funboard- oder Wasserskifahren lernen kannst. Die Ausbildung ist seriös, mit staatlich geprüften Lehrern, die mitunter bekannte Profis oder gar Weltmeister sind: *Form'Marine (20, rue Georges Braque | Collioure | Tel. 06 09 76 96 70 | form-marine.com); Le Central Windsurf (Plage des Pins | Argelès-sur-Mer | Tel. 07 50 60 57 61 | centralwindsurf.com); Centre nautique du Cap (Plage Richelieu | Cap d'Agde | Tel. 04 67 01 46 46 | centrenautique-capdagde.com); Centre Nautique (esplanade Jean Baumel | La Grande-Motte | Tel. 04 67 56 62 64 | ycgm.fr).*

STAND-UP-PADDELN

Zu den schönsten Revieren im Hinterland gehören der Lac du Salagou im Languedoc und der Stausee von Vinça im Roussillon. Wer sich aufs Meer hinauswagt, sollte sein Board gut beherrschen. Und daran denken, dass im Mittelmeer stellenweise sehr starke Strömung vorhanden ist.

TAUCHEN

Tauchclubs mit diplomierten Lehrern gibt es in allen großen Badeorten. So hat allein Argelès-Plage fünf Clubs, die Lehrgänge und Tauchausflüge zu Wracks anbieten, z. B. *Archipel Plongée (8, Résidence Les Villégiales du quai d'Honneur | esplanade du Nouveau Monde | Tel. 04 68 95 71 03 | archipelplongee.com).*

Mit einem Audioguide im Spezialschnorchel kannst du in Cerbère-Banyuls das einzige ☂ Meeresschutzgebiet der Côte Vermeille auf einem *Sentier Sous-Marin (Juli/Aug. tgl. 12–18 Uhr | Schnorchelset: 7 Euro, Pfad gratis | Plage de Peyrefite | ledepartement66.fr)* entdecken. Rote Korallen, Neptungräser, Muscheln, Krustentiere und reviertreue Küstenfische wie der Zackenbarsch warten dort auf dich.

WANDERN

Die urwüchsigen Landschaften der Cevennen und Causses, der Corbières und Haut-Languedoc, die Mittelmeerküste und die Pyrenäen sind Wanderland! Der Jakobsweg führt von Le Puy-en-Velay in der Auvergne über Aubrac in der Lozère bis in die Pyrenäen und weiter zum nordspanischen Pilgerort Santiago de Compostela. Der Weg überschneidet sich zum Teil mit dem Fernwanderweg GR 70 auf den Spuren von Robert Louis Stevenson *(gr70-stevenson.com).* Ein herrlicher, 200 km langer Fernwanderweg ist der *Sentier Cathare (lesentiercathare.com)* zu den Katharerschlössern zwischen Port-la-Nouvelle und Foix. Du kannst aber auch auf eigene Faust die Region erkunden. Lass dich von *occitane-rando.fr* zu kürzeren oder längeren Touren inspirieren! Wer lieber in Begleitung wandert, findet dort auch einen Terminkalender mit Wanderevents.

Mitten durch die amphibische Naturlandschaft der Camargue führen drei *Naturlehrpfade*, die am *Centre du Scamandre* von Vauvert beginnen. Das 146 ha große Naturschutzgebiet ist ein Paradies für Ibisse und Reiher *(camarguegardoise.com).*

WINTERSPORT

Neun Skistationen warten von Weihnachten bis Ostern nur 50 km vom Mittelmeer entfernt in den Pyrénées-Orientales auf dich. Font-Romeu bildet gemeinsam mit Bolquère den größten Skizirkus der Pyrénées-Orientales. 41 Pisten schaffen ein 100 km langes Pistennetz, das 500 Schneekanonen schneesicher halten. Langläufer finden 106 km Loipe, Winterwanderer 22 markierte Wege. Noch größer ist das Angebot für nordischen Skisport auf dem Hochplateau des Capcir (1500–1900 m), wo ihr ein 130 km großes Loipennetz auf 15 Pisten entdecken könnt. Die Loipen eröffnen immer wieder tolle Ausblicke auf den Hauptkamm der Pyrenäen.

Hinterm Horizont geht's weiter: einsamer Wanderer am Mont Lozère

DIE REGIONEN IM ÜBERBLICK

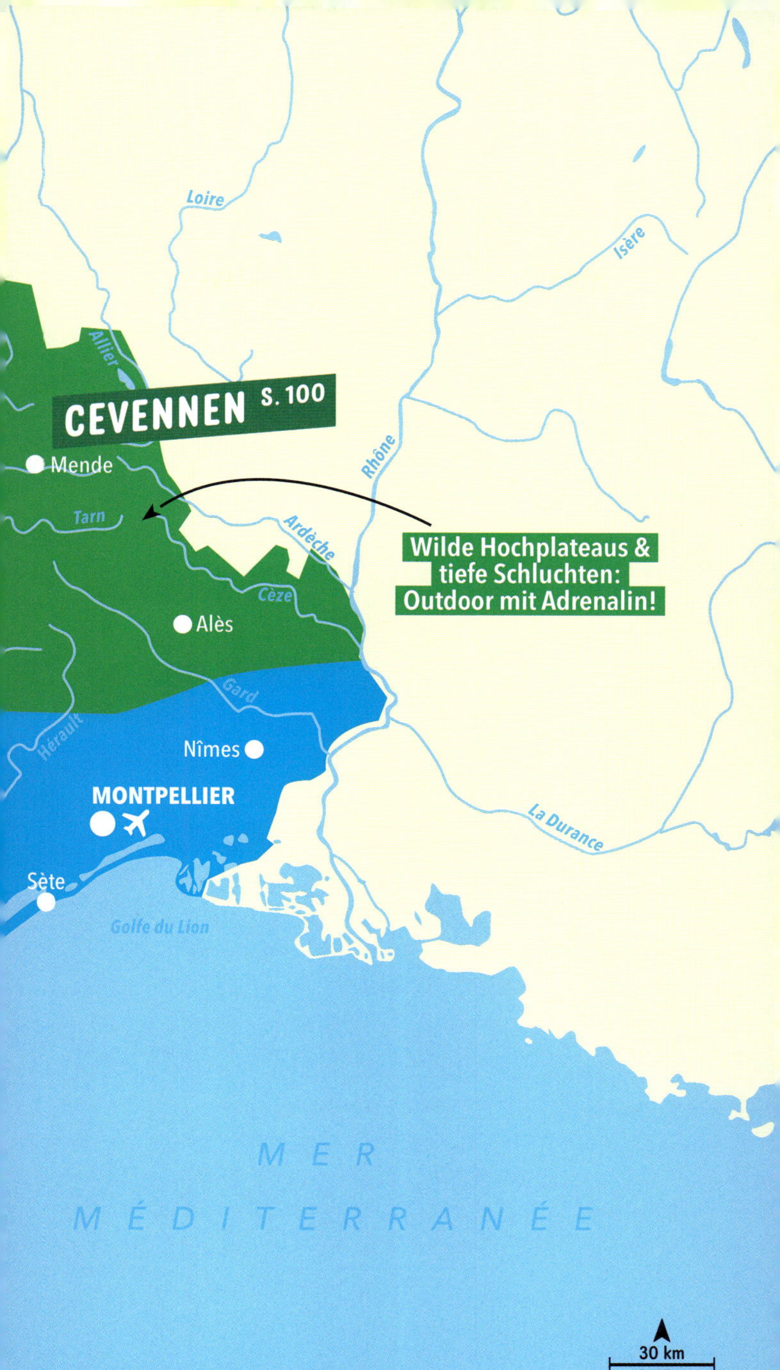
Loire
Isère
Allier
CEVENNEN S. 100
Mende
Rhône
Tarn
Ardèche
Wilde Hochplateaus & tiefe Schluchten: Outdoor mit Adrenalin!
Cèze
Alès
Gard
Hérault
Nîmes
MONTPELLIER
La Durance
Sète
Golfe du Lion
MER MÉDITERRANÉE
30 km
18.65 mi

LANGUEDOC

KULTUR AM ENDLOSSTRAND

Das Languedoc hat historisch gesehen keine fest umrissenen Grenzen. Als Land des Oc, der alten okzitanischen Sprache, erstreckt es sich vom Rhônetal bis zur Garonne bei Toulouse.

Die Hauptschlagader des modernen Verkehrs, die Autobahn La Languedocienne, folgt entlang der Küste der über 2000 Jahre alten römischen Via Domitia, die das Reich mit der Iberischen Halbinsel verband. Mit La Grande-Motte, dem Paradebeispiel einer futuristischen Ferienstadt am Meer, und anderen Badeplätzen aus der Retor-

Für die Ewigkeit gebaut: Seit dem 12. Jh. führt die „Alte Brücke" von Béziers über den Orb

te wurde dieser Küstenstrich mit seinen kilometerlangen Sandstränden für den Massentourismus erschlossen. Das ursprüngliche Languedoc entdeckst du im Hinterland, in den Dörfern der *garrigue* bei Nîmes, im Parc Naturel Régional du Haut-Languedoc mit seinen Schluchten und Bergen nördlich von Béziers und in der Montagne Noire bei Carcassonne.

LANGUEDOC

MARCO POLO HIGHLIGHTS

★ **PARC NATUREL RÉGIONAL DU HAUT-LANGUEDOC**
Bergseen und Wälder im Reich der Mufflons ➤ S. 66

★ **LA CITÉ IN CARCASSONNE**
Die Mauern und Türme der Mittelalterstadt ➤ S. 67

★ **ST-GUILHEM-LE-DÉSERT**
Bergdorf in herrlicher Lage ➤ S. 59

★ **NÎMES**
Südlich-temperamentvolles Leben vor römischer Baukunst ➤ S. 44

★ **PONT DU GARD**
Der Aquädukt wird im Sommer phantasievoll illuminiert ➤ S. 48

★ **CAP D'AGDE**
Autofreie Ferienstadt an 14 km Strand in gelb bis schwarz ➤ S. 59

★ **MONTPELLIER**
Die Boomtown am Mittelmeer punktet mit Architektur von alt bis Avantgarde, Lebenslust am Lez und Stränden am nahen Mittelmeer ➤ S. 51

★ **SÈTE**
Pastellfarbene Häuser säumen den Canal Royal, Fischtrawler laufen in den Vieux Port ein, gen Westen zieht sich ein Band aus Sand über die Nehrung ➤ S. 62

NÎMES

(🕮 G6) **Bereits vor 2000 Jahren kreuzten sich im damaligen Colonia Augusta Nemausus, dem heutigen ★ Nîmes (159 000 Ew.), die Wege der Reisenden.**
Die Hauptstadt des Departements Gard verdankt den Römern ihre besondere Attraktion: In keiner anderen Stadt Frankreichs sind die antiken Bauten zahlreicher oder besser erhalten als in Nîmes: das Amphitheater, der Tempel Maison Carrée, der Dianatempel, die Tour Magne. Oder der gut 20 km entfernte Pont du Gard, der die Stadt mit Wasser versorgte.
Abgesehen von den Zeugnissen der römischen Vergangenheit besticht Nîmes durch seine südlich-lebhafte Atmosphäre und setzt mit zeitgemäßer Architektur avantgardistische Akzente. Breite, von Platanen beschattete Boulevards ziehen sich um die weitgehend autofreie Altstadt. Da hält man sich gern einen ganzen Tag auf oder auch länger, wenn der Lebensfreude freier Lauf gelassen wird, zum Beispiel bei der einwöchigen Feria zu Pfingsten mit Stierkämpfen in der Arena, Musikumzügen, frei durch die Straßen laufenden Stieren und Tanz in den Bodegas.

WOHIN ZUERST?

Die Innenstadt von Nîmes ist für Autos fast komplett gesperrt. Parke am besten im Parkhaus am Bahnhof *(19, allee Boissy d'Anglas | Tagestarif 15 Euro | q-park.fr)*. Von hier wie vom Bahnhof bist du in knapp zehn Minuten am Amphitheater **Les Arènes,** von wo aus du alle Sehenswürdigkeiten bequem zu Fuß erreichst. Der Tango-Bus *(tangobus.fr)*, eine Mischung aus Straßenbahn und Bus, ist das Transportmittel für das Zentrum und das Umland.

SIGHTSEEING

AMPHITHEATER (LES ARÈNES) ⚑

Der elliptische Bau stammt vom Anfang des 1. Jhs., misst bei 21 m Höhe im Durchmesser 101 bzw. 133 m und bietet bis zu 24 000 Zuschauern Platz. 126 Treppen im Innern ermöglichten es, dass die Zuschauer die Arena in wenigen Minuten betreten und verlassen konnten. In der Römerzeit war das Rund Schauplatz von blutigen Gladiatorenkämpfen, von Pferde- und Wagenrennen. Den Westgoten diente der Bau als Festung. Im Mittelalter wurde er zur Burg und dann zum Wohnviertel mit 230 Häusern. Heute finden hier Corridas, Theater- und Opernaufführungen und Rockkonzerte statt. Für die Weihnachtsmesse wird eine Konstruktion aus Aluminium, Plexiglas und Stoff errichtet, die 7000 Zuschauern Platz bietet. *Juli/Aug. tgl. 9–20, Juni 9–19, April/Mai, Sept. 9–18.30, März, Okt. 9–18, Nov.–Feb. 9.30–17 Uhr | 10 Euro, 3-Tage-Kombiticket mit Maison Carrée und Tour de Magne 13 Euro | arenes-nimes.com*

MUSÉE DE LA ROMANITÉ

Das 2018 eröffnete, von Elizabeth de Portzamparc entworfene Museum,

Nachhaltiges Bauen in Vollendung: Maison Carrée in Nîmes

stellt die römische Epoche der Stadtgeschichte vor. Seine Gestaltung tritt dabei in einen bemerkenswerten Dialog mit der imposanten Steinarchitektur des Amphitheaters. Im Innern setzt die innovative Museumsdramaturgie mit Computeranimation, Augmented Reality, audiovisuellen und immersiven Technologien 5500 antike Exponate in ihren historischen Kontext.

INSIDER-TIPP
Antike aus der Vogelperspektive

Auf dem begrünten Dach findest du einen Orientierungstisch und hast 360-Grad-Blicke auf Nîmes. *April–3. Nov. tgl. 10–19, sonst bis 18 Uhr | 16, Boulevard des Arènes | 8 Euro | 2 Std.*

MUSÉE DES BEAUX-ARTS

Im Erdgeschoss entzückt das große römische Mosaik „Les Noces d'Admète". Im ersten Stock sind Werke europäischer Schulen des 15.–19. Jhs. zu betrachten: Bilder von Giambono, Peter Paul Rubens, Pieter Brueghel d. J. u. a. *Di–So 10–18 Uhr | rue de la Cité Foulc | Eintritt frei, Sonderausstellungen 5 Euro | nimes.fr | 1 Std.*

MAISON CARRÉE

Der ehemalige Tempel, erbaut um 5 n. Chr., ist der am besten erhaltene römische Bau seiner Art. Das römische Forum, auf dem er stand, hatte in etwa die Größe der aktuellen place de la Comédie. Trotz wechselvoller Laufbahn – u. a. Nutzung als Amtsstube, Kirche der Augustiner, Pferdestall und Stadtmuseum – hat der Bau die Zeiten fast unversehrt überstanden. Im Innern dokumentiert ein 3-D-Film als virtueller Flug die 2000-jährige Geschichte der Stadt. *Juni–Aug. tgl.*

10–19.30, April/Mai, Sept. 10–19, Okt.-März 10–13 und 14–17 Uhr | 6 Euro

CARRÉ D'ART

Als zeitgemäße Antwort auf die Maison Carrée auf dem gegenüberliegenden Platz entwarf Lord Norman Foster das Carré d'Art als futuristischen Würfel aus Glas und Beton. Die Ausstellungshalle des *Museums für zeitgenössische Kunst* im Obergeschoss mit Wechselausstellungen zum aktuellen Kunstschaffen ergänzt eine der modernsten Bibliotheken Frankreichs mit 360 000 Bänden und vielfältiger Tonträger- und Videosammlung. Von der Cafeteria im obersten Geschoss hast du einen herrlichen Blick auf die Altstadt. *Di–So 10–18 Uhr | 16, place de la Maison Carrée | Eintritt frei, Sonderausstellungen 6 Euro*

JARDIN DE LA FONTAINE & TOUR MAGNE

Einmal tief Luft holen und Ruhe tanken, bitte! Im weichen Nachmittagslicht ist der Besuch des Gartens nordwestlich der Altstadt am schönsten. Die prächtige Anlage, eine grüne Oase der Stille und Erholung, entstand um 1745 unter Einbeziehung römischer Ruinen und Wasserkanäle. Im Park liegt der heute teilweise zerstörte *Temple de Diane* aus dem 2. Jh. Wozu der Tempel genau diente und ob er tatsächlich der Göttin der Jagd geweiht war, ist unbekannt. Vom Tempel steigt der Weg zum *Mont Cavalier* (114 m) an, auf dessen Höhe die *Tour Magne (Juni–Aug. tgl. 9.30–19, April/Mai 9.30–18.30, März, Sept./Okt. 9.30–13 und 14–18, Nov.–Feb. 9.30–13 und 14–16.30 Uhr | 3,50 Euro)* steht. Der 34 m hohe Turm gilt als größter der einst rund 100 Türme in der römischen Stadtmauer. Von oben hast du einen weiten Blick über Nîmes bis zum Mont Ventoux und zu den Cevennen.

ESSEN & TRINKEN

LE LISITA

Ein Besuch hier ist ein Muss für Feinschmecker. Kreative Saisonküche, edle Weine. Gegessen wird im schlicht-eleganten Speisesaal oder auf einer schönen Terrasse. *So/Mo geschl. | 2 bis, boulevard des Arènes | Tel. 04 66 67 29 15 | lelisita.com | €€€*

LES MAGNOLIAS

Tapas sind auch bei Franzosen der Hit – hier gibt es sie in leckerer Vielfalt, und für den größeren Hunger typisch französische Klassiker wie Steak frites und Miesmuscheln *(moules)* sowie lokale Spezialitäten wie den Stierfleischeintopf *gardiane de toro* oder die *brandade de morue nîmoises* mit Kabeljau. *Di. geschl. | place Esclafidous | Tel. 04 66 21 64 01 | restaurantlesmagnolias.fr | €–€€*

VINCENT CROIZARD

Feinschmecker, die eine leichte lokale Küche lieben, genießen sie beim Spitzenkoch Vincent Croizard am liebsten draußen auf der überdachten Terrasse. *7, rue des Chassaintes | Tel. 04 66 67 04 99 | restaurantcroizard.com | €€–€€€*

Wenn Architekten würfeln dürfen: Norman Fosters futuristisches Carré d'Art

SHOPPEN

VILLARET

In der ältesten Bäckerei der Stadt wird das knusprige Naschwerk „Croquets Villaret" seit 1775 nach altem Rezept hergestellt. *Tgl. bis 19.30 Uhr | 13, rue de la Madeleine*

AUSGEHEN & FEIERN

Gut besucht sind abends die Cafés mit ihren Terrassen am boulevard Amiral Courbet. Ein beliebter Treffpunkt, um zu sehen und gesehen zu werden, ist *La Bodeguita (tgl. | place d'Assas | royalhotel-nimes.com)*, das neben Tapas originelle Pfannengerichte und günstige Weine der Region serviert. Im *421 (So geschl. | 37, rue Fresque)* drängen sich Stierkampffans, Nachtschwärmer, Künstler und Touristen. Auf einer Leinwand werden Corridas übertragen.

RUND UM NÎMES

1 BEAUCAIRE & TARASCON

26 bzw. 27 km/40 Min. von Nîmes (Auto)

Die geschichtsträchtige Stadt Beaucaire (16 000 Ew.) an der Rhône lockt mit Kanälen, hellroten Ziegeldächern, engen Straßen, schönen alten Häusern und einer mächtigen Burgruine. Vom *Château Royal* aus dem 11. Jh. sind zwei Türme, Mauerwerk und eine schöne romanische Kapelle erhalten. Ein prächtiges Schauspiel ist die *Flugvorführung der Greifvögel (Mitte April–Anfang Okt. Di–So, 15, 17 Uhr | 10 Euro | aigles-chateau-thierry.com)* auf der Burg.

Ebenso reizvoll ist am anderen Ufer der Rhône, bereits in der Provence,

Wasserleitung mit Welterbestatus: der Pont du Gard

das Städtchen Tarascon (13 000 Ew.) mit dem *Schloss von König René (Mai–Sept. tgl. 9.30–12.30 und 13.45–18.30, sonst Di–So 9.30–12 und 14–17 Uhr | 7,50 Euro | chateau.tarascon.fr | 40 Min.)* und der Aussichtsterrasse über dem Fluss. Im Sommer ist es Zentrum von Mittelalterspielen. *H6–7*

2 PONT DU GARD ★

24 km/40 Min. von Nîmes (Auto)

2000 Jahre alt und immer noch die schönste Wasserleitung der Welt: Das dreistöckige, 49 m hohe und im obersten Teil 275 m lange Aquädukt über das Wasser des Flusses Gardon ist ein antiker Meisterbau. Die Römer haben die Brücke im 1. Jh. ganz ohne Mörtel als Teil der knapp 50 km langen Leitung konstruiert, die Tag für Tag 20 000 m³ Wasser von der Quelle der Eure bei Uzès nach Nîmes spülte, das damals gut 25 000 Ew. zählte.

Der Pont du Gard, von der Unesco als Weltkulturerbe eingestuft, ist heute Zentrum der *Domaine du Pont du Gard* mit Restaurants, Boutiquen, sehenswerten Multimedia-Ausstellungen, dem sehr informativen und schönen Wanderweg *Mémoires de Garrigue*, Badestrand und Dokumentationszentrum. *Tgl. 9–17, März–Mai, Okt. bis 18, Juni, Sept. bis 19, Juli/Aug. bis 20 Uhr | 9,50 Euro | pontdugard.fr | H6*

3 VILLENEUVE-LÈS-AVIGNON

48 km/50 Min. von Nîmes (Auto)

Die Stadt der Kardinäle (12 000 Ew.) hat nicht nur den schönsten Blick auf die ehemalige Papstresidenz Avignon in der Nachbarregion Provence-Alpes-Côte d'Azur zu bieten, sondern auch eines der ältesten Kartäuserklöster Frankreichs: die *Chartreuse du Val de Bénédiction (Sommer tgl. 9.30–*

18.30, sonst tgl. 10–17 Uhr | 8 Euro | chartreuse.org). Die Anlage aus dem 14. Jh. beherbergt in der Klosterkirche das Grabmal ihres Gründers, Papst Innozenz' VI., und ist bei den Theaterfestspielen am anderen Ufer der Rhône Schauplatz für Aufführungen und Konzerte. 176 Stufen führen hinauf zur Aussichtsplattform der *Tour Philippe-Le-Bel (April–Sept. Di–So 10–12 und 13–18.30, Okt./Nov., März 10–12 und 14–17 Uhr | 3,50 Euro).* Oben erwartet dich ein sagenhafter Blick über Stadt und Rhônetal bis hin zum Mont Ventoux und dem Luberon. *H6*

4 SOMMIÈRES & CHÂTEAU DE VILLEVIEILLE

40 km/50 Min. von Nîmes (Auto)

Sommières (4500 Ew.) ist mit seinen weißen Häusern über dem Flüsschen Vidourle, den mittelalterlichen Toren, schmalen Gassen und von Arkaden gesäumten Plätzen eine Augenweide. 2 km außerhalb Richtung Nîmes liegt das großartige *Château de Villevieille (Juli–Sept. tgl. 14–20 Uhr, April–Juni und Okt. Sa/So 14–19 Uhr | 10 Euro | chateau-de-villevieille.fr | 1 Std.)* aus dem 11. Jh., das in der Renaissance restauriert wurde. Eingerahmt von alten Häusern in blühenden Gärten, ist es ein bezauberndes Ensemble. Die Inneneinrichtung des Schlosses ist sehr gut erhalten. Kreative Lokalküche und gute Weine der Region paaren sich in der *Auberge du Pont Romain (tgl. nur abends | 2, avenue Emile Jamais | Tel. 04 66 80 00 58 | aubergedupontromain.com | €€).* *G7*

LA GRANDE-MOTTE

(G7) **Prähistorische mexikanische Tempel waren Vorbild für die Ferienstadt, die Jean Balladur ab 1966 erbaute, in einer weiten Bucht am Rande der Espiguette, einer Landschaft mit salzverkrusteter Erde, sumpfigen Gewässern, wenig Vegetation, endlosen Dünen und langen Sandstränden.**

Bereits zwei Jahre später wurde sie eröffnet: als architektonischer Spielplatz aus Pyramiden inmitten von Parks und Gärten, Wegen abseits vom Verkehr, Yachthafen, Wassersporteinrichtungen aller Art, Golf- und Tennisplatz, Thalassotherapie, Einkaufszentrum und allen anderen Einrichtungen, die den Urlaub perfekt machen. 100 000 Urlaubern bietet sie Unterkunft. Zwar dominiert hier die Hochhausarchitektur, dahinter liegen aber auch Villen im provenzalischen Stil mit Innenhöfen. Rund 20 km Spazier- und Radwege führen in jeden Winkel des Orts. Wer will, kann das Auto den ganzen Urlaub über stehen lassen.

ESSEN & TRINKEN

LA TABLE D'AIMÉ

Direkt am „Sunset-Beach" Plage du Couchant lädt der junge Küchenchef Aimé Cochet zur kulinarischen Weltreise. Ein wunderbarer Platz zum Sonnenuntergang! *Tgl. | Plage du Couchant | Tel. 04 67 12 18 44 | latabledaime.fr | €€*

L'ESTRAMBORD

Die Einrichtung des spanisch angehauchten Lokals könnte von Salvador Dalí stammen, und auch der Koch kann Spanisch: Neben frischer Meeresküche, Steak und Burgern kommen auch köstliche Tapas aus der Küche. *Tgl. | 34, quai Pompidou | Tel. 04 67 56 50 50 | €€*

SPORT & SPASS

LE GRAND BLEU

Action und Entspannung: Der Aquapark bietet fünf Schwimmbecken, Riesenrutsche, Sauna, Whirlpool und Ruheliegen. *Mo–Fr 10–20, Sa/So 10–19 Uhr | 195, avenue St-Louis | Juni–Sept. 9.30 Euro, Okt.–Mai 4,20 Euro*

STRÄNDE

Zu beiden Seiten der Hafeneinfahrt erstrecken sich die feinsandigen, breiten Strandabschnitte von *Motte du Levant* und *Motte du Couchant*. Der Strand wird täglich gesäubert, die Wasserqualität laufend überprüft. Auf 7 km verteilen sich 15 Dusch-/WC-Anlagen.

AUSGEHEN & FEIERN

Das abendliche Fest- und Unterhaltungsprogramm im Juli und August ist gespickt mit Veranstaltungen, bei denen Sänger und Tänzer der Opéra Bastille de Paris, der Wiener Staatsoper und internationale Künstler beim Jazzfestival auftreten. Im Kasino rollt bis 4 Uhr früh die Kugel, vier Diskotheken stehen zur Wahl, z. B. *Les Coulisses (place de l'Épi)*, wo Salsa und Samba gespielt werden. Oder tanz mit den Füßen im Sand im *Dune Club* *(route des plages, le grand travers | complexe-la-dune.com)*.

INSIDER-TIPP **Beachparty**

RUND UM LA GRANDE-MOTTE

5 LE GRAU-DU-ROI

7,5 km/15 Min. von La Grande-Motte (Auto)

Der Badeort Le Grau-du-Roi (6000 Ew.) besitzt den größten Yachthafen Europas, rund 5000 Liegeplätze gehören zum *Port-Camargue* – und Ferienhäuser auf künstlichen Inseln. Trotz des sommerlichen Badebetriebs hat sich der alte Ort seinen Charme bewahrt: Pittoreske Häuser stehen in schmalen Gassen, und wenn im Fischerhafen der Fang angelandet wird, ist das ein buntes Spektakel. Sehenswert ist das Meeresaquarium *Seaquarium (Sommer tgl. 9.30–23.30, April–Juni, Sept. 9.30–19.30, Okt.–März bis 18.30 Uhr | 14,50 Euro | seaquarium.fr)* mit Haien und exotischen Fischen.

Der naturbelassene Sandstrand *Plage de l'Espiguette* ist bis heute eine wilde, unverbaute Strandperle. Sie erstreckt sich über rund 18 km von Boucanet bis zum urwüchsigen, geschützten Dünengebiet von L'Espiguette. Fahr bis zum einsamen Leuchtturm, park dort

INSIDER-TIPP **Robinson-Feeling**

Mastengeometrie vor der Zick-Zack-Skyline von La Grande-Motte

und such dir deinen ganz eigenen Lieblingsplatz am weiten Strand! Auf dem Weg dorthin liegt die *Maison Méditerranéenne (Sommer tgl. 9.30–12.30 und 14.30–18.30 Uhr | 3430, route de l'Espiguette | maisondesvins-lespiguette.com),* die Weine, Lebensmittel zum Teil aus biologischem Anbau und Kunsthandwerk aus der Region anbietet. *G7*

6 AIGUES-MORTES

13 km/15 Min. von La Grande-Motte (Auto)

Die Stadt (8400 Ew.) der „toten Wasser" war einst ein Hafen direkt am Mittelmeer. Heute erhebt sich die befestigte mittelalterliche Stadt neben Salinengärten, die in der Sommerhitze lila leuchten. Das Mauerviereck von 550 × 300 m, befestigt mit 14 Türmen, ist mit schachbrettartig angelegten Straßen und dichten Häuserreihen gefüllt, so wie es ab 1240 von König Ludwig IX., dem „Heiligen", geplant und als Basis der Kreuzzüge gebaut wurde. Der größte Turm des Mauerrings, die *Tour Constance,* war berüchtigt als Gefängnis. Im Lauf der Jahrhunderte schmachteten hinter den 6 m dicken Mauern alle möglichen Gefangenen: Templer, Hugenotten und politisch Missliebige. *G7*

MONTPELLIER

(F7) **Die ★ Hauptstadt (die Metropolregion hat 450 000 Ew.) des Hérault steckt voller Überraschungen.**

Gleich bei der Einfahrt über die mehrspurigen Verkehrsachsen liegt das

Stadtviertel Antigone. In seinem postmodernen Stilgemisch aus griechischen und klassizistischen Elementen spiegelt sich symbolhaft der beispiellose Aufschwung der Stadt seit den 1960er-Jahren. Der dynamischen Wirtschaft, aber auch seinem Flair verdankt Montpellier seine Anziehungskraft, die Einwohnerzahl wächst stetig. So zog die Metropole viele Hightech-Unternehmen an, baute die Satellitenstadt *La Paillade* (25 000 Ew.), in der sich die Architektin Zaha Hadid mit einem futuristischen Archiv- und Bibliotheksbau verewigt hat, verpflichtete Philippe Starck für den transparent-luftigen Fitnesskomplex *Le Nuage* (Die Wolke) und ließ ihre Straßenbahnen von Designern einkleiden.

Um Zugang zum Meer (mit dem begehrten Zusatz „sur Mer") zu erhalten und Hafenstadt zu werden, rief Montpellier die *Ode à la Mer* ins Leben, das nächste Stadtentwicklungsprojekt im Süden. Auf 250 ha wollte der Katalane Jos Galan entlang der Tramlinie 3 seine „intelligente Ökocity" Richtung Küste errichten: mit Wohnungen, Büros, Sportpark rund um ein riesiges Einkaufszentrum. 2019 sollte sie eingeweiht werden – doch die Stadtväter zaudern. Die Vision liegt auf Eis.

Trotz der mitunter gigantischen Bauvorhaben, mit denen Montpellier auf den Zuzug von Neubürgern reagiert, gibt es noch das andere Montpellier: eine malerische, autofreie Altstadt mit Adelspalästen und Patrizierhäusern, das alte Universitätsviertel, belebte Plätze mit Terrassencafés, eine großstädtische Hotel- und Restaurantszene, erstklassige Museen und ein anspruchsvolles Kulturleben. Außerdem liegt die Stadt nur rund 12 km vom Meer entfernt, wo Palavas-les-Flots, Carnon-Plage oder La Grande-Motte grenzenloses Strandvergnügen bieten.

WOHIN ZUERST?

Der zentrale Platz am Südrand der historischen Altstadt, die **Place de la Comédie,** ist idealer Ausgangspunkt für Besichtigungen. Park am besten im Parkhaus Comédie oder im Parkhaus Corum am anderen Ende der Esplanade. Montpellier hat ein hervorragendes Straßenbahnnetz mit vier Linien *(Einzelfahrt 1,60, Tageskarte 4,30 Euro).* Für Tagesbesucher gibt es 16 Park-&-Tram-Plätze wie *Circé* im Stadtteil Odysseum *(4,90 Euro inkl. Ticket für Tramway).* 57 Stationen gehören zum Stadtradnetz *Velomagg (nur mit EC- oder Kreditkarte | 1 Std. 0,50 Euro | tam-voyages.com).*

SIGHTSEEING

PLACE DE LA COMÉDIE

Der Platz verbindet die Altstadt mit den neueren Vierteln, ist Treffpunkt mit sonnigen Terrassencafés an der Westseite, Kino und Bühne des städtischen Lebens. Vor der Fassade des Theaters (19. Jh.) steht die *Fontaine des Trois Grâces.* Nördlich geht der Platz in die weitläufige, platanenbestandene Esplanade über. Am oberen Ende steht der futuristische Komplex des *Corum* von Claude Vasconi aus Beton und finnischem Granit für Kon-

Urbaner Mittelpunkt von Montpellier: die Place de la Comédie

gresse und Ausstellungen. Großartig ist das klassizistische Opernhaus, die *Opéra Berlioz,* mit 2000 Plätzen.

ALTSTADT (ÉCUSSON)

Autofrei und idyllisch sind die Gassen und Plätze der Altstadt mit trendigen Boutiquen und Traditionsgeschäften wie *Pinto (14, rue de l'Argenterie | Tel. 04 67 60 57 65 | pinto.fr),* dem Feinkosttempel von Gérard Pinto mit Spezialitäten aus Montpellier und Umland. Mehr als 50 Kirchen und Kapellen sowie 80 Stadtpalais *(hôtel particuliers)* mit schmucken Sandsteinfassaden, hohen Stuckdecken und kühlen Innenhöfen verstecken sich im Labyrinth der Gassen. Prachtbauten sind das *Hôtel de Varennes (2, place Pétrarque),* Sitz des *Musée du Vieux Montpellier,* das *Hôtel des Trésoriers de la Bourse (4, rue des Trésoriers de la Bourse),* das *Hôtel Jacques Cœur (7, rue Jacques Cœur)* und das *Hôtel Saint-Côme (place Saint-Côme).*

MUSÉE FABRE

Das Prunkstück unter den Museen der Stadt gilt als eine der beeindruckendsten Sammlungen französischer und europäischer Malerei des 16.–18. Jhs. Der *parcours contemporain* und eine Multimediagalerie zeigen aber auch die wichtigsten Strömungen des 20. Jhs. – verpass nicht die Werke von Pierre Soulages, die im neuen Gebäudeteil in einem extra eingerichteten, riesigen Raum gezeigt werden! Daniel Buren hat den Eingang zum Kunsttempel mit einer Bodenskulptur gestaltet, in einem Flügel des Museums haben die Gebrüder Pourcel das Bistro *Insensé (So-Abend und Mo-Abend geschl. | Tel. 04 67 58 97 78 | €–€€)* mit schöner Terrasse eingerichtet. *Di–So 10–18 Uhr | 39, boulevard Bonne-Nouvelle 7 | Sonderausstellungen 10 Euro | museefabre.montpellier3m.fr | 2 Std.*

CATHÉDRALE ST-PIERRE

Der festungsartige gotische Bau überstand als einzige Kirche der Stadt die Revolution. Ihr Markenzeichen ist der eigenartige, hoch gewölbte Vorhallenbaldachin. Eher romanisch, da einschiffig, wirkt das Innere der Kirche. *Mo–Fr 9–12 und 14.30–19 Uhr*

PROMENADE ROYALE DU PEYROU

Die terrassierte Parkanlage am Westrand der Altstadt, die sich sonntags in einen Trödelmarkt verwandelt, entstand im 17./18. Jh. Am Eingang steht ein Triumphbogen, dahinter die Reiterstatue Ludwigs XIV. von Jean Giral, am anderen Ende ein Wasserturm *(Château d'Eau)*. Das Wasser wird 14 km weit herangeführt, zuletzt über einen 800 m langen Aquädukt. Das Gelände zwischen dem Platz und dem 1593 eingeweihten und damit ältesten botanischen Garten Frankreichs *(Jardin des Plantes | Di–So 12–18, Hochsommer bis 20 Uhr | Eintritt frei)* hat der Amerikaner Richard Meier gestaltet.

ANTIGONE

Mit Antigone entwarf Ricardo Bofill für Bürgermeister Georges Frêche, der von 1977 bis 2004 Montpellier umkrempelte, auf 400 000 m² ein Stadtviertel der Zukunft. Trotz aller Gigantomanie hat der Katalane einen städtischen Lebensraum geschaffen, der mit seinen Grünanlagen und Fußgängerzonen den Menschen Raum zum Leben lässt. Selbst die Sozialwohnungen sind hier Monumentalbauten, das Schwimmbad hat olympische Maße, und die zentrale Achse des Viertels mit Parkanlagen und Brunnen, die durch die Markthallen *Halles Jacques Cœur*, Cafés und Restaurants belebt wurde, ist mit 1800 m fast so lang wie die Champs-Elysées in Paris.

PARC ZOOLOGIQUE

Mit Straßenbahn und Buszubringer bequem zu erreichen ist der 80 ha große Zoo mit gut 1300 Tieren, die du auf einem Rundweg entdecken kannst. Das Gewächshaus Serre Amazonienne ist Frankreichs größtes Tropenhaus. Anacondas, Affen, Tukane, Piranhas präsentiert ein 300 m langer Rundgang durch den südamerikanischen Regenwald. *April–Sept. tgl. 9.30–18.30, Okt. 9.30–18, Nov.–März 9.30–17 Uhr | 50, avenue Agropolis | Tel. 04 67 54 45 23 | Rundgang kostenlos, Amazonashaus 6,50 Euro, Kinder 3 Euro | zoo.montpellier.fr*

KUNST VON HEUTE

Die neogotische St.-Annen-Kirche, 1986 entweiht, zeigt heute als *Carré Sainte-Anne (Di–So 10–13 und 14–17 Uhr | 2, rue Philippy | Eintritt frei | facebook.com/CarreSainteAnneMontpellier)* wechselnde Ausstellungen zeitgenössischer Kunst.

Wo angehende Mediziner wie François Rabelais Anatomie paukten, arbeiten heute moderne Künstler in *La Panacée (Mi–Sa 12–20, So 10–18 Uhr | 14, rue de l'École de Pharmacie | Eintritt frei)*, einem Zentrum für zeitgenössische Kunst mit Studios, Ausstellungsräumen und Wohnungen für *artists in residence*. La Panacée gehört zum MO.CO. Das Akronym steht für *Montpellier Contemporain (moco.art)*, es bildet die Klammer für das umtriebige Kunstschaffen in Montpellier. Neben La Panacée gehört dazu *MOCO Hôtel des Collections (Di–So Juni–Aug. 12–22, Sept., Mai 12–19 Uhr |13, rue de la République | 8 Euro | moco.art | ⏲ 1,5 Std.)*, das im Hôtel Montcalm nahe des Bahnhofs Sammlungen aus der ganzen Welt zeigt.

Mit dem *Pavillon Populaire (Di–So 10–13 und 14–18 Uhr | esplanade Charles de Gaulle | kostenlos | ⏲ 1 Std.)* besitzt Montpellier zudem eines der aufregendsten Zentren für Fotokunst.

INSIDER-TIPP Kritisch und kontrovers

Und zur Abwechslung etwas Kunst: Säulenhalle im Musée Fabre

MODERNE ARCHITEKTUR AM LEZ

Der Fluss Lez ist die neue Stadtentwicklungsachse gen Süden. Am östlichen Ufer hat Christian de Portzamparc die Gartenstadt *Jardins de la Lironde* geschaffen. Die Kaderschmiede für den Hotel- und Gastronomienachwuchs, das *Lycée Georges Frêche* von Massimiliano Fuksas, zeigt mit seinen eleganten Linien, wie Zweckgebäude im 21. Jh. aussehen können. Bistro, Restaurant und Ausbildungshotel *(Öffnungszeiten s. Website | 401, rue le Titien | Tel. 04 67 13 05 05 | lyceehoteliergeorgesfreche.fr | €–€€)* sind für Gäste geöffnet und überraschend gut und günstig. Der Bau ist Bindeglied zum Einkaufszentrum und Vergnügungspark *Odysseum* weiter östlich, in dem sich wieder die Architekten ausgetobt haben.

Südlich folgt am linken Ufer das *Universitätsviertel Richter*. Hier hat der japanische Architekt Sou Fujimoto eine der 12 *Folies* errichtet, ausgefallenen Architekturikonen, mit denen Montpellier das Gesicht der Metropole prägen will: einen ⚑ *Arbre Blanc* (weißer Baum). 50 m hoch, mit Wohnungen auf 17 Etagen, Galerie für zeitgenössische Kunst und Panoramabar auf der Spitze. Am rechten Ufer des Lez folgt weiter südlich der zwölfgeschossige Prachtbau, den Jean Nouvel und sein Partner François Fontès für die Stadt

Willkommen in Montpelliers „Freilichtmuseum" – der historischen Innenstadt

geschaffen haben: Das 2011 eingeweihte *Rathaus* mit seiner Aluminiumfassade in Blautönen ist das Herzstück des Viertels *Port Marianne*.

ESSEN & TRINKEN

ÅNGA

Ånga heißt auf Schwedisch „Dampf", und der Dampfgarer kommt bei Cyril Garcia, Arthur Lahmy und Pierre Quatrefage bei der Zubereitung lokaler Erzeugnisse oft zum Einsatz. *Di geschl. | 19, rue du Palais des Guilhem | Tel. 04 67 60 61 65 | Facebook: Restaurant. Anga | €*

LES CAVES DE TRINQUE FOUGASSE

Vor dem Essen gibt es erst eine Weinprobe. Wähl unter 600 Sorten den Tropfen aus, den du am Tisch trinken möchtest und bezahl ihn vor dem Essen in der Boutique des Restaurants. Die Mahlzeit wird auf einem Holzbrett *(planche)* serviert, auf dem z. B. eine *brandade de morue,* Entenbrust, frittierte Tintenfische *(supions),* Tatar, Salat, ein Stück Pélardon-Käse und hausgemachter Orangenkuchen in Schälchen präsentiert werden. Das Restaurant *(tgl. | rue de la Galata | Tel. 04 99 23 27 05 | €–€€)* liegt am Wasserbassin im Neubauviertel Port Marianne, im Stammhaus *O'Petit Trinque (Sa/So geschl. | 12, boulevard Ledru Rollin | Tel. 04 99 23 27 00 | trinquefou gasse.com | €)* gibt's auch einen günstigen Mittagstisch.

LES BAINS DE MONTPELLIER

In den städtischen Bädern von 1770 residiert eines der angesagtesten Restaurants. Der Service ist hervorragend, die Szenerie mediterran-romantisch. Perfekt für laue Sommertage: der große Patio, wo du frische wie kreative Mittelmeerküche unter freiem Himmel genießen kannst. *So geschl. | 6, rue Richelieu | Tel. 04 67 60 70 87 | les-bains-de-montpellier.com | €€*

SHOPPEN

Quer durch die historische Innenstadt zieht sich die elegante *rue Foch* mit ihren Geschäften bis zur *place des Martyrs-de-la-Résistance*. Die weiter zur place de la Comédie führende *rue de la Loge* (Fußgängerstraße) ist die eigentliche Einkaufsstraße von Montpellier und traditionell die Adresse der Goldschmiede. In der Altstadt gibt es mit *Pommes de Reinette (33, rue de l'Aguillerie)* einen der schönsten Spielzeugläden der Region. Alle großen Markengeschäfte sind in den riesigen Einkaufszentren *Polygone* oder *Odysseum* vertreten. Ein Erlebnis sind die täglichen Märkte (z. B. in den *Halles Castellane* im Zentrum) für Lebensmittel oder samstagmorgens der *Biomarkt (place des Arceaux, im Westen der promenade Royale du Peyrou)*. Mitten im Treiben sitzt vielleicht Mathieu Gabard (Facebook). *„Poète Public"* nennt sich der schwarzhaarige Mann mit Hut. Gib ihm ein paar Worte, dann verfasst er dir ein Gedicht – und freut sich über ein Trinkgeld.

INSIDER-TIPP
Instant-Poesie

SPORT & SPASS

ODYSSEUM

In dem riesigen Freizeitkomplex findest du unter anderem eine 3000 m² große *Eislaufhalle (tgl. 14.30–19 und 21–1 Uhr | 5 Euro | short.travel/lgr7)* und das *Cinema Gaumont Multiplex* mit 16 Sälen und 430 m² großen Leinwänden. Ein Highlight: die *Planet Ocean World (Sept.–März Mi–So 10–18, April–Juni, Sept. tgl. 10–18, Juli/Aug. tgl. 10–19 Uhr | ab 6,50 Euro | planetoceanworld.fr)*. Als Bindeglied zwischen Himmel und Erde stellt es in 34 Becken die Unterwasserwelt der großen Ozeane vor. Der Bereich Universum präsentiert 3-D-Vorführungen im Planetarium und Ausstellungen rund um die Weltraumforschung. *Port-Marianne*

AUSGEHEN & FEIERN

Beliebte Treffpunkte sind die große Terrasse des *Insensé (39, boulevard des Bonnes-Nouvelles)* oder in der Szenebar *Le Circus (3, rue Collot)*. Zum Tanzen lädt das in einer ehemaligen Kirche untergebrachte Rockcafé *Le Rockstore (Mo–Sa 23–4 Uhr | 20, rue de Verdun)*.

RUND UM MONTPELLIER

7 CARNON-PLAGE

13 km/30 Min. von Montpellier (Auto)

Der endlose Strand ist perfekt für den Andrang, der im Sommer herrscht. Hier starten Bootsfahrten auf dem Canal du Rhône à Sète. G7

8 PALAVAS-LES-FLOTS

15 km/30 Min. von Montpellier (Auto)

Der Fischerhafen (6000 Ew.) mit seinem 7 km langen Sandstrand war bis zum Bau von La Grande-Motte der einzige Badeort der Großstadt Montpellier. Trotz des sommerlichen Hochbetriebs, insbesondere zum Floh- und Trödelmarkt am Samstagvormittag bei den Arènes, hat er seinen Charme bewahrt. Einen Besuch lohnen das *Musée Albert Dubout* mit den Karikaturen des Künstlers und das *Musée du Petit Train*, das an die alte Bahnverbindung von Montpellier erinnert *(beide Di–So 10–12 und 16–21 Uhr, Juli/Aug. tgl., Dez.–Feb. nur Sa/So 14–18 Uhr | Parc du Levant | Kombiticket 7 Euro | dubout.fr)*. Tolle Aussichten eröffnet der ehemalige Wasserturm *Phare de la Méditerranée* mit dem Restaurant *Le Phare (tgl. | Tel. 04 57 68 61 16 | restaurant-le-phare-palavas.com | €€)*.

Wer braucht schon Brücken? Die Seilbahn über den Kanal in Palavas-les-Flots

Von Palavas führt ein Spaziergang (ca. 1,5 km) auf der Landzunge zwischen dem Étang du Prévost und dem Meer zu der kleinen Insel, auf der sich die *Kathedrale von Maguelone (Juni–Sept. tgl. 9–19 Uhr)* erhebt. Sie ist das einzige Überbleibsel des Orts, der 1622 auf Befehl Kardinal Richelieus zerstört wurde. Heute hat der Verein Les Compagnons de Maguelone in der Anlage eine Werkstatt für Behinderte eingerichtet und keltert Wein, der rund um die Kathedrale wächst. Der unbebaute, 9 km lange Strand *Plage de Maguelone* gehört zu den schönsten Badeparadiesen am ganzen Mittelmeer. F7

9 FRONTIGNAN

28 km/40 Min. von Montpellier (Auto)
Das Städtchen ist für seinen Muskatwein weltberühmt. Lohnend ist der Besuch der *Coopérative du Muscat (Juli/Aug. tgl. 9.30–19.30, Sept.–Juni 9.30–12.30 und 14.30–18.30 Uhr | 14, avenue Muscat | frontignanmuscat.fr).* F8

10 ST-GUILHEM-LE-DÉSERT ★

50 km/1 Std. von Montpellier (Auto)
Atemraubend ist die Lage des schönen Dorfs in der Felswildnis der Cevennenausläufer am Eingang wilder Schluchten. Die großartige Kirche *Abbaye de Gellone (tgl. 8–18 Uhr | 2, Grand Chemin du Val de Gellone | 5 Euro | saintguilhem-valleeherault.fr),* 804 von Guilhem, einem engen Freund Karls des Großen, gegründet, gehört als besonders schönes Beispiel der Romanik des Languedoc zum Welterbe. In der Mauer der Apsis sind der Schrein des heiligen Guilhem mit seinen Gebeinen und ein Splitter vom Kreuz Christi ausgestellt. Zum Einkehren empfiehlt sich *La Table d'Aurore (tgl. | 2, avenue Guillaume-d'Orange | Tel. 04 67 57 24 53 | €€).* E–F7

CAP D'AGDE

(E8) **Die von Jean Le Couteur 1970 erbaute ★ Strandstadt (25 000 Ew.) punktet mit 14 km langen Sandstränden, verteilt auf mehrere Buchten.**

An einem künstlichen Binnensee mit Zugang zum Meer wurden acht Yachthäfen angelegt, eingerahmt von pastellfarbenen, niedrigen Häusern im Stil des Languedoc, die fast allesamt Ferienwohnungen bergen. Das *Village Naturiste Héliopolis* ist das weltgrößte Zentrum für FKK. In den letzten Jahren entwickelte sich der Badeort zu einer Hochburg der Swinger. Ihm wurde daher bereits das Qualitätssiegel vom französischen FKK-Verband aberkannt.

SIGHTSEEING

MUSÉE DE L'EPHÈBE

Das einzige Museum an der französischen Mittelmeerküste, das sich archäologischen Funden aus dem Meer, aus Seen oder auch Flüssen widmet. Prunkstück ist die Bronzestatue eines schönen griechischen Jünglings, die 1964 aus dem Fluss Hérault geborgen wurde. *Juni–Sept. tgl. 10–18, Okt.–Mai Mo–Fr 10–17.30, Sa/So 10.30–17 Uhr | Mas de la Clape | 6 Euro*

FORT DE BRESCOU

Das im 17. Jh. nach Plänen des französischen Festungsbaumeisters Sébastien de Vauban auf einer Vulkaninsel errichtete kleine Fort ist heute Höhepunkt von Bootstouren per Katamaran oder Glasbodenboot *(April–Sept. | Ticket 12 Euro | ab Cap d'Agde | transcapcroisieres.com).* Im Sommer schippern die Boote auch abends dorthin: Genieße Cocktails und Gegrilltes beim Sunset am Fort *(Juni–Sept. Mi 19–22 Uhr | 26 Euro).*

INSIDER-TIPP
Grillade & Sardinade

Der Abend kommt: Arbeitsbeginn für die Leuchttürme an den Stränden von Cap d'Agde

MONT ST-LOUP

Von dem 113 m hohen Vulkanberg hast du eine prächtige Aussicht auf Cap d'Agde, die Küste und den Étang de Thau.

ESSEN & TRINKEN

LA JETÉE

Eine Institution im Hafen für alle, die Fisch und Meerestiere auf dem Teller lieben. Angenehmer, aufmerksamer Service. *Mo geschl. | quai St-Martin | Tel. 04 67 26 78 17 | short.travel/lgr12 | €€*

SHOPPEN

Von Mitte Juni bis September finden in Cap d'Agde große Märkte statt: auf der *Mail de Rochelongue (Mo),* am *Avant-Port (Di-Morgen),* auf der *place du Barbecue (Mi-Morgen),* auf dem *Parking du Gévaudan (Sa-Morgen)* und ein Trödelmarkt am *quai de la Trinquette (So-Morgen).*

SPORT & SPASS

BOOTSVERLEIH

Ohne Bootsführerschein kannst du ein Motorboot mieten und auf einer Tagestour übers Meer bis nach Grau d'Agde, über den Fluss Hérault bis Agde und weiter auf dem Canal du Midi und zu den Austernbänken im Bassin de Thau schippern. *Loca Sud | 4, quai de la Trirème | Juli/Aug. 2 Std. 95, pro Tag 190 Euro | Tel. 04 67 94 04 52 | bleumarine-plaisance.com*

SCHNORCHELN

Ein besonderes Erlebnis sind Schnorchelausflüge entlang der Vulkanklippen auf dem *Sentier Sous-Marin,* am besten mit Führung, im Sommer ab dem Aquarium. Auskunft beim

Umweltschutzverband *Société de Protection de la Nature (Plage de la Grande Conque | Tel. 04 67 01 60 23)* und beim *Office du Tourisme.*

STRÄNDE

BADEN

Zu den feinen, 14 km langen Sandstränden führen Fußwege *(ramblas).* Am meisten Betrieb herrscht an der *Plage du Mole.* Die *Plage Richelieu* ist der größte Strand, die *Plage de la Grande Conque* unterhalb der Klippen *(falaises)* besteht aus schwarzem, vulkanischem Sand. Surfbrett- und Tretboot-Verleih, Kinderspielplätze, Duschen und WC.

AUSGEHEN & FEIERN

Auf der *Île de Loisirs* in der Wasserwelt der Binnenhäfen finden sich neben Restaurants und Bars das Kasino, Diskotheken, Kinos und der *Luna Park (tgl. ab 20.30 Uhr)* mit vielen Attraktionen.

RUND UM CAP D'AGDE

11 AGDE

4 km/6 Min. von Cap d'Agde (Auto)

Von der Brücke an der Einmündung des Canal du Midi in den Hérault hast du den besten Blick auf das landeinwärts gelegene Städtchen (25 500 Ew.), das seinen Namen der griechischen Glücksgöttin Agathe Tyche verdankt. Mediterrane Helligkeit fehlt allerdings: Die Häuser sind aus Lavastein gebaut, wie auch die Kathedrale *St-Étienne* (12. Jh.), Agde trägt deshalb auch den Beinamen „Schwarze Perle des Languedoc". Das *Mu-sée Agathois (Juni–Sept. tgl. 10–18.30, Okt.–Mai Di–Sa 10–17 Uhr | 5, rue de la Fraternité | 6 Euro | museeagathois.fr)* informiert über die Geschichte der um 500 v. Chr. von griechischen Seefahrern gegründeten Stadt. Lohnend ist ein Bummel durch die Altstadt mit ihren verwinkelten Gassen und schönen Bürgerhäusern aus dem 16.–18. Jh. *E8*

12 MARSEILLAN

11 km/14 Min. von Cap d'Agde (Auto)

Die 350 Winzer der Kooperativen von Agde und Marseillan haben sich zu den *Caves Richemer* zusammengeschlossen. In ihrer Kellerei *(So/Mo geschl. | 1, rue du Progrés | Marseillan | Tel. 04 67 94 25 25 | richemer.fr)* direkt am Kai laden sie zu Verkostung und Winzerspaziergängen *(Verkaufsstelle in Agde: So geschl., Jan.–April So/Mo geschl. | 2, boulevard du Soleil).* Joseph Noilly erfand 1813 einen besonderen Wermut mit Kamille und Koriander, basierend auf den Weißweinen Picpoul und Clairette. Lass den Noilly Prat *(1, rue Noilly | noillyprat.com)* deine Sinne erobern – auf einer Kellertour kannst du einige Sorten probieren. *E–F8*

INSIDER-TIPP
In Seeluft gereift

13 MUSÉE DES DINOSAURES MÈZE

26 km/30 Min. von Cap d'Agde (Auto)

In dem 500 000 m² großen Park sind Nachbildungen aller Dinos versammelt, die in Urzeiten die Erde bevölkerten. *Juli, Aug. tgl. 10–19.30, Feb.–Juni und Sept. 14–18, Okt.–Dez. 14–17 Uhr | 13 Euro, Kinder 11 Euro | musee-parc-dinosaures.com |* *F8*

14 SÈTE ★

24 km/30 Min. von Cap d'Agde (Auto)

Der größte französische Fischereihafen und zweitwichtigste Handelshafen am Mittelmeer, Sète (45 000 Ew.), hat sich in den letzten Jahren dank millionenschwerer Investionen in den Tourismus und die Strände zu einem boomenden Badeort entwickelt. Die *Plage du Lido* von Sète zieht sich auf dem Nehrungsstreifen zwischen dem Étang de Thau und dem Mittelmeer bis nach Marseillan: 12 km feinster Sandstrand am 1,5 km breiten Lido, der Meer und Lagune voneinander trennt.

Bunt und mediterran präsentiert sich die Häuserfront am *Canal de Sète*. Welche Dramen sich hinter den Fassaden abspielen? Guck die TV-Krimis von „Candice Renoir" in der ZDF-Mediathek. Oder im Original auf France 2.

INSIDER-TIPP
Krimi-Kulisse

Zwei sehenswerte Museen sind den berühmten Söhnen der Stadt gewidmet, den Literatur- und Chansongrößen Paul Valéry (1871–1945) und Georges Brassens (1921–1981). Das *Espace Georges Brassens (Juni–Sept. tgl. 10–18, Okt.–Mai Di–So 10–12 und 14–18 Uhr | 67, boulevard Camille Blanc | 5,90 Euro | espacebrassens.fr)*

Südfranzösische Sommerstimmung an der Place Gambetta in Pézenas

zeichnet das Leben des streitbaren Chansonsängers nach. Das *Musée Paul Valéry (April–Okt. Di–So 9.30–19, Nov.–März Di–So 10–18 Uhr | rue François Desnoyer | 9,90 Euro | musee-paulvalery-sete.fr)* beherbergt die Kunstsammlung des Dichters, bietet hochkarätige Sonderausstellungen und jeden Sommer Dutzende von Kulturveranstaltungen.

Besuchenswert sind zudem zwei weitere Museen: im *Centre Régional d'Art Contemporain CRAC (Mo, Mi–Fr 12.30–19, Sa/So 14–19 Uhr | 26, quai Aspirant-Héber | Eintritt frei | crac.languedocroussillon.fr)* sind in einer früheren Kühlhalle für Fische außergewöhnliche Ausstellungen zeitgenössischer Kunst zu sehen. Das *Musée International des Arts Modestes MIAM (April–Sept. tgl. 9.30–19, Okt.–März Di–So 10–12 und 14–18 Uhr | 23, quai du Maréchal-de-Lattre-de-Tassigny | 5,60 Euro | miam.org)* zeigt kleine, bescheidene Objekte von Hervé Di Rosa und Bernard Belluc in einer sehr originellen Inszenierung.

Über die promenade de la Corniche und die avenue du Tennis kommst du auf den *Mont St-Clair* und zum *Parc Panoramique* mit Spazierwegen und Orientierungstafel. Als bestes Fischrestaurant gilt *La Palangrotte (Juli/Aug. tgl., Sept.–Juni Mi-Abend, So-Abend und Mo geschl. | quai de la Marine | Tel. 04 67 74 80 35 | €€)*.

An den Chansonnier Brassens erinnern *Les Amis de Georges* bei *dîner*-Konzerten in ihrem Kabarett-Restaurant *(So/Mo geschl. | 38, rue Maurice Clavel | Tel. 04 99 04 72 33 | lesamisdegeorges.com | €)*. F8

15 PÉZENAS

28 km/30 Min. von Cap d'Agde (Auto)

Das Städtchen (8200 Ew.) trug einst den Beinamen „Versailles du Languedoc", weil der Prinz Conti hier ab 1660 Adlige, Künstler und Schriftsteller an seinem Hof versammelte, darunter einen gewissen Jean-Baptiste Poquelin, genannt Molière. Stadtpaläste wie das *Hôtel de Malibran, Hôtel de Wicque, Hôtel de Lacoste* oder *Hôtel d'Alfonce* erinnern an die Glanzzeit von Pézenas. Preisgünstige Regionalküche mit einem exotischen Touch serviert das *Les Palmiers (Sommer tgl. | 10, rue Mercière | Tel. 04 67 09 42 56 | lespalmiers.restaurant | €–€€)*. E8

BÉZIERS

(E8) **Die Stadt (75 000 Ew.) sucht ihren Platz zwischen Vergangenheit und Zukunft – und ist daher ein spannendes Ziel.**

Die alte Steinbrücke über den Orb und die wuchtige Kathedrale auf einem Felsvorsprung über dem Fluss stehen für die Vergangenheit. Aber Béziers, die Hauptstadt des Languedoc-Weins und Station am Canal du Midi, öffnet sich mit dem Quartier Latin rund um die moderne Mediathek an der place du 14 Juillet für die Zukunft. Das Zentrum der Stadt bilden die allées Paul-Riquet mit ihren Cafés und Restaurants. Dieser schönste Platanenkorso der Region verliert nur in den Zeiten der Stierkampf-Feria seine beschauliche Ruhe.

SIGHTSEEING

KATHEDRALE ST-NAZAIRE

Der wehrhafte Bau mit seinen wuchtigen Türmen stammt aus dem 12. bis 14. Jh. Die schöne Fensterrose in der Westfassade misst 10 m im Durchmesser. Das Innere hat Elemente aus verschiedenen Epochen vorzuweisen: einen Chor mit Fresken des 14. Jhs., einen Barockaltar und eine reich verzierte Orgel des 17. Jhs. Von der Terrasse im *Jardin des Évêques* bei der Kirche hast du einen schönen Ausblick.

MUSÉE DES BEAUX-ARTS

Die Sammlung des Kunstmuseums ist in zwei Bürgerhäusern untergebracht, dem *Hôtel Fayet (9, rue du Capus)* und dem *Hôtel Fabrégat (place de la Révolution)*. Dank Schenkungen, unter anderem von Widerstandskämpfer Jean Moulin, bietet es einen guten Überblick über die Kunstgeschichte seit dem 16. Jh. *Juni–Sept. Di–So 11–17.30, Okt.–Mai Di–So 9.30–12.30 und 13.30–17.30 Uhr | 3 Euro | 1 Std.*

CIRDÒC

Im Quartier Latin ist die Mediathek des *Centre Inter-Régional de Développement de l'Occitan* eine der wichtigsten Fundgruben für alles, was okzitanische Sprache und Kultur angeht. Regelmäßige Sonderausstellungen. *Mo/Di, Do/Fr 10–18, Mi 10–13 Uhr | 1, boulevard Du-Guesclin | oc-cultura.eu*

LA MOUCHE

Natur und Kunst nähren sich gegenseitig, ist Francine Buesa überzeugt – und zeigt es auf diesem Gelände am nördlichen Stadtrand in drei Ausstellungssälen und einem Skulpturengarten im Olivenhain. Aktuelle Kunst, lokal verwurzelt und toll inszeniert! *Mo–Sa 10–13 und 15–18 Uhr | Eintritt frei | Domaine de Pradines le Bas | Route de Corneilhan | lamouche-art.com*

ESSEN & TRINKEN

LA RAFFINERIE

Auf der einladenden Terrasse der ehemaligen Schwefelraffinerie am Canal du Midi wird eine kreative, mediterran geprägte Küche serviert. Zu satt für Nachtisch? Dann bestell dir den Café Gourmand – und genieß mehrere Mini-Desserts zum Petit Noir! *Sa-Mittag und So geschl., nur Mai–Sept. | 14, avenue Joseph-Lazare | Tel. 04 67 76 07 12 | restaurant-raffinerie-beziers.fr | €€*

INSIDER-TIPP
Maximal leckere Minis

RUND UM BÉZIERS

16 VALRAS-PLAGE

16 km/25 Min. von Béziers (Auto)

Als besonders kinderfreundlich gilt dieser nette Badeort (4500 Ew.) 10 km südlich von Béziers. Auf 4 km Länge erstreckt sich der feine, bewachte Sandstrand, der täglich gesäubert wird, ein Tummelplatz für Burgenbauer, Fans von Strandgymnastik und Beachvolleyball. An der Mündung des

Orb findest du das Naturschutzgebiet *Domaine des Orpellières*. Auf 170 Hektar schützt es eine ursprüngliche Küste mit Dünen und 2,5 km langem Naturstrand. *ville-valrasplage.fr* | E8

17 ÉCLUSES DE FONSÉRANES

4 km/10 Min. von Béziers (Auto)

Die neun Schleusen an der Nationalstraße N 9 Richtung Narbonne sind der Besuchermagnet am Canal du Midi. Als großartige, 312 m lange Treppe gleichen sie einen Höhenunterschied von 25 m aus. Ein Ort nicht nur zum Zuschauen von außen, sondern auch inszeniert mit einem immersiven Erlebniskino *(Juli/Aug. tgl. 10.20–18.40, sonst 10.20–17.40 Uhr | 3 Euro)*. Tauch mit Hightech und Multimedia 14 Minuten lang in die Geschichte des Kanals und Schleuse ein! Nachts werden die Schleusen bis 23 Uhr magisch beleuchtet! E8

INSIDER-TIPP
Ablegen zur Zeitreise

Nichts für Ungeduldige: in der Schleusenanlage von Fonséranes

18 OPPIDUM D'ENSÉRUNE

14 km/25 Min. von Béziers (Auto)

Fast 7500 Kelten lebten auf diesem 120 m hohen Hügel, als die Römer ins Land kamen und sie vertrieben. Ausgrabungen brachten Grundmauern von Häusern und der Stadtmauer zu Tage, die z. T. bis ins 6. Jh. vor Chr. zurückdatieren. Zahlreiche Fundstücke wie Haushaltsgeräte, Kultgegenstände, Waffen, Geld usw. zeigt ein Museum. Vom Hügel siehst du den ehemaligen *Étang de Montady*, der trockengelegt und urbar gemacht wurde: Mit seinen strahlenförmig angelegten Feldern sieht er wie eine überdimensionale Torte aus! *Museum bis 2021 geschl. | Außengelände: Mai–Aug. tgl. 9.30–12.30 und 14–18.30 Uhr, Sept.–April bis 17 Uhr | 5 Euro | enserune.fr | 1 Std. | E8*

19 ABBAYE DE FONTCAUDE

18 km/30 Min. von Béziers (Auto)

Die einst bedeutende, 1154 gegründete Abtei nordwestlich wurde in den Religionskriegen zerstört. Erhalten sind Teile der Kirche, des Kreuzgangs und des Kapitelsaals. *Führungen Juli/Aug. tgl. 10–19, Juni, Sept. 10–12 und 14.30–19, Okt.–Mai Mo–Sa 10–12 und 14.30–17.30, So 14.30–17.30 Uhr | 5 Euro | abbaye-de-fontcaude.com | D8*

Wildschafe als Kletterkünstler: Mufflons im Naturpark Haut-Languedoc

20 PARC NATUREL RÉGIONAL DU HAUT-LANGUEDOC ★

50 km/55 Min. von Béziers (Auto)

Wunderschöne Dörfer, herrliche Wanderungen, Thermalbad mit Operettenfestival, kräftige Weine in Faugères oder tolle Badeseen: Das Naturschutzgebiet in den beiden Departements Hérault und Tarn zeigt im Norden von Béziers alle Facetten des Midi.

Am Rand des Gebiets liegen an der D 909 die Winzerdörfer *Autignac* und *Laurens* im Weinbaugebiet Faugères. Das *Château de Grézan (So geschl. | Laurens | Tel. 04 67 90 27 46 | chateau grezan-famillecrospujol.com),* das Weinproben organisiert, haben Rémi Fardel und Jean-Louis Pujol zu einem der interessantesten Güter im Languedoc gemacht. Koste dort vom *eau de vie* – diese Brennerei hat als erste im ganzen Languedoc das Lebenswasser gebrannt! Im Schloss mit seiner zinnenbewehrten Festungsmauer kannst du das ganze Jahr die Produkte probieren – neben Wein und Schnaps auch hausgemachten Essig.

Über Faugères und Hérépian geht es nach *Lamalou-les-Bains (lamalou-les-bains.fr).* Der sympathische Thermalort (2500 Ew.) mit seinen 15 Quellen richtet nicht nur im Sommer ein Operettenfestival aus, sondern erinnert mit seinem Kasino und seinen Villen aus der Belle Époque tatsächlich an die Kulissen für das alte Musiktheater. Von Lamalou ist es nur ein Katzensprung nach *Olargues* (600 Ew.), das mit seiner steinernen Teufelsbrücke *(pont du diable)* über den Orb und seinem Glockenturm aus dem 12. Jh. zu den schönsten Dörfern Frankreichs zählt.

Keine 10 km im Osten ist das Doppeldorf *Mons-La-Trivalle* ein guter Ausgangspunkt für eine Wanderung in den *Gorges d'Héric.* Startest du am kostenpflichtigen Parkplatz, geht es in 2,5 Stunden 5 km entlang den Schluchten eines Bachs mit Wasserfällen und Badebecken hinauf zum Weiler Héric auf 511 m. Noch fit? Dann marschier weiter zum Gipfel des Caroux (1037 m). Bis zur Aussichtsplattform mit Blick auf die Pyrenäen benötigst du rund die doppelte Zeit.

Wasserratten zieht es im Naturpark an die beiden Stauseen von *Le Salvetat-sur-Agout* (im Nordwesten, im Departement Tarn) oder in Richtung Clermont-l'Hérault an den *Lac du Salagou (le-salagou.fr)* mit seiner Stand-up-Paddling-Station und der atemraubenden Landschaft aus roten Felsen, Vulkangestein und Wasser. *parc-haut-languedoc.fr* | *C–D7*

CARCAS-SONNE

(C8) **Am rechten Ufer der Aude lädt eine perfekt restaurierte Festungsstadt aus dem 13. Jh. zur Zeitreise ins Mittelalter: die Cité von Carcassonne, Bühne für Ritterspiele, Konzerte, Kunstevents und eine der berühmtesten Attraktionen Frankreichs. Die Unterstadt lockt mit Hafenflair am Canal du Midi, buntem Wochenmarkt, spannenden Museen und Shopping von stylisch bis südländisch.**

Die Cité wird von einem doppelten Ring aus 1700 bzw. 1300 m langen Mauern mit 52 Türmen umschlossen, dahinter drängen sich mittelalterliche Häuser in verwinkelten Gassen mit Souvenirläden, Restaurants, Cafés, Hotels und stimmungsvollen Plätzen *(Führungen im Sommer)*. Besonders beeindruckend sind die mittelalterlichen Ritterspiele in der Cité *(Juli/Aug.)*. Das Herz der *Ville Basse* am linken Ufer des Flusses Aude, unter Ludwig dem Heiligen als schachbrettartig angelegte Bastide erbaut, schlägt auf der Place Carnot zur Marktzeit *(Di, Do, Sa)*.

SIGHTSEEING

LA CITÉ ★

Du betrittst die mittelalterliche *Cité* am besten durch den Haupteingang, die *Porte Narbonnaise* (Ende 13. Jh.). Sie wird von zwei Türmen flankiert – den rechten schmückt ein Portrait der Dame Carcas. Bummle durch die rue Cros-Mayrevieille zum *Château Comtal (April–Sept. tgl. 10–18.30, Okt.–März 9.30–17 Uhr | 8,50 Euro | remniparts-carcassonne.fr)* und nimm teil an einer der 40-minütigen Führungen durch die befestigte Residenz der Trencavels, Vizegrafen von Béziers und Carcassonne. Neben den Türmen *Tour de la Justice, Tour de l'Inquisition* und *Tour Carrée de l'Évêque* westlich des Château steht die *Basilique St-Nazaire* – die Fenster der einstigen Kathedrale haben teiweise noch ihre Originalverglasung aus dem 14. und 16. Jh., die Orgel gilt als älteste des Midi.

CANAL DU MIDI

Carcassonne ist eine der wichtigsten Stationen am 240 km langen Canal du Midi vom Mittelmeer nach Toulouse. In seinem großen Hafen starten

Rundfahrten mit Schleusenpassage *(Carcassonne Croisières | April–Okt. ab 10.30 Uhr, 90 Min., 8,50 Euro | Tel. 06 80 47 54 33 | carcassonne-navigationcroisiere.com)* und man kann dort Hausboote leihen *(z. B. Les Canalous: 15, quai Riquet | Hochsaison ab 3000 Euro/Woche für 4 Pers., 6 Pers. ab 4500 Euro, Nebensaison erheblich günstiger | Tel. 03 85 53 76 74 | canalous-canaldumidi.com).*

ESSEN & TRINKEN

LE CLOS DES FRAMBOISIERS

In der Ville Basse, hinter der Bahnlinie, unweit vom Hafen des Canal du Midi. Bei schönem Wetter kannst du im Garten am Rand eines Pools essen. Solide Regionalküche mit frischen Saisonprodukten, freundlicher Service. Reservieren! *Sa-Mittag und So/Mo geschl. | 68, rue des Framboisiers | Tel. 04 68 47 41 17 | €€*

AU COMTE ROGER

Eine der besten Küchen der Stadt, gelegen in der Cité. Kleine Karte mit frischen Zutaten, schattige Terrasse im Sommer, Restaurantsaal ohne Schnörkel. *So/Mo geschl. | 14, rue St-Louis | Tel. 04 68 11 93 40 | comteroger.com | €€*

SPORT & SPASS

LAC DE LA CAVAYÈRE

10 km im Südosten von Carcassonne zwischen Kiefernwald und *garrigue* versteckt sich die Freizeitoase der Stadt: ein buchtenreicher Stausee. Im Sommer gibt es drei überwachte Strände, Wassersportmöglichkeiten und in herrlicher Landschaft Bouleplatz, Beachvolleyball- und Minigolfanlage. *Eintritt frei*

LAUFEN

Die Treidelpfade sind beliebte Laufstrecken. Oder folge der Aude vom Pont Vieux bis zum Pont Garigliano, dann bieg ab durch die Weingärten und an der Rückseite des Campingplatzes zurück zur Cité.

RUND UM CARCASSONNE

21 CHÂTEAUX DE LASTOURS

18 km/25 Min. von Carcassonne (Auto)

Fast gespenstisch ist der Anblick der vier dicht beieinander stehenden Burgruinen vor der kargen Montagne Noire. Beim Kreuzzug gegen die Katharer konnte Simon de Montfort die Burgen nicht einnehmen. Die beste Aussicht bietet sich vom *Belvédère (3 Euro)*. Fahr aus dem Dorf Lastours Richtung Salsigne und auf der Höhe rechts ab. *Juli/Aug. tgl. 9–20, April–Juni, Sept. 10–18 Uhr | 8 Euro | chateauxdelastours.fr | 1 Std. | C8*

22 GOUFFRE GÉANT DE CABRESPINE

24 km/30 Min. von Carcassonne (Auto)

Ein Erlebnis: Der unterirdische Saal ist 220 m hoch, das Gestein leuchtet in

Wie spät ist es eigentlich? Mittelalter! Zeitreise in der Cité von Carcassonne

allen Farben. Schließ dich einer mehrstündigen Wanderung *(Anmeldung erforderlich, Tel. 04 67 66 11 11)* unter Tage an und erleb eine Bootsfahrt auf dem unterirdischen Fluss! *Juli/Aug. tgl. 10–18, Feb.–Nov. 10–12.30 und 14–17 Uhr | 11,60, Kinder 6,90 Euro | gouffre-de-cabrespine.com |* C8

23 MINERVE

48 km/1 Std. von Carcassonne (Auto)

Auf einem Felsvorsprung über den Flüsschen Cesse und Brian am Südrand der Montagne Noire liegt das mittelalterliche Katharerdorf, das der Weinregion Minervois ihren Namen gegeben hat. Da es im Sommer sehr überlaufen ist, lässt du dein Auto am besten vor dem Dorf stehen und erkundest die Gassen zu Fuß. Überreste einer mittelalterlichen Burg (13. Jh.) und die vollständig restaurierte Stadtmauer verraten, wie wehrhaft Minerve einst war. In der *Église St-Étienne* (9. Jh.) steht ein Altar aus weißem Marmor von 456, der älteste bekannte in Europa. Das *Musée de Paléontologie et d'Archéologie (April–Sept. tgl. 10.30–12.45 und 14–18 Uhr | place du Monument aux Morts | 3 Euro)* besitzt eine bedeutende Fossiliensammlung. Mehr über die Katharer erfährst du im *Musée Hurepel (April–Sept. tgl. 10.30–12.45 und 14–18 Uhr | 5, rue des Martyrs | 3 Euro)*: In Figurinen sind dort Schicksal und Geschichte der „Ketzer" dargestellt. Ein schöner Spaziergang führt um den Ort zu den *ponts naturels*, wo die Cesse sich imposante Tunnel in den Kalk gegraben hat.

Gute Regionalküche genießt du im *Relais Chantovent (5 Zi. | So-Abend, Di-Abend und Mi geschl. | 17, grand'rue | Tel. 04 68 91 14 18 | relaischantovent-minerve.fr | €–€€)* mit Blick auf die Cesse. *minervois-tourisme.fr |* D8

ROUSSILLON

„BENVINGUTS" BEI DEN KATALANEN

Das Roussillon ist ein Land der Kontraste: Endlossandstrände und Lagunen bei Leucate, Les Barcarès, Torreilles, Canet-en-Roussillon, St-Cyprien und Argelès-Plage; felsengerahmte Badebuchten bei Collioure, Paulilles, Port-Vendres, Banyuls-sur-Mer und Cerbère.

Städte wie Narbonne und Perpignan sind pulsierende Orte voller Leben und Geschichte. Das Hinterland ist etwas für echte Entdecker. In der Felswildnis der Corbières erzählen Katharerburgen – die Châ-

Bereit für den nächsten Segeltörn: Abendstimmung im Yachthafen in Argelès-sur-Mer

teaux von Quéribus, Peyrepertuse, Aguilar, Puivert und Montségur – von blutigen Gemetzeln im Namen des Glaubens. Im äußersten Süden, dessen katalanische Identität auch nach mehr als 350 Jahren Zugehörigkeit zu Frankreich unübersehbar ist, kommst du in den Hochtälern der Pyrenäen zu stattlichen Abteien und urigen Bergnestern, die als schönste Dörfer Frankreichs ausgezeichnet sind.

ROUSSILLON

MARCO POLO HIGHLIGHTS

★ **COLLIOURE**
Das schönste Städtchen an der Côte Vermeille besitzt auch zwei schöne Kieselstrände ➤ S. 97

★ **ABBAYE DE FONTFROIDE**
Die Lage ist so großartig wie das Kloster selbst ➤ S. 77

★ **CHÂTEAU DE PEYREPERTUSE**
Die imposanteste Burgruine im *pays cathare* ➤ S. 83

★ **TAUTAVEL**
Vor mehr als 450 000 Jahren jagte der „Mensch von Tautavel" im Roussillon ➤ S. 82

★ **HOSPICI D'ILLA IN ILLE-SUR-TÊT**
Erlesene Kunstschätze ➤ S. 83

★ **PIC DU CANIGOU**
Der 2785 m hohe Berg ist ein großartiger Aussichtsbalkon ➤ S. 89

★ **ARGELÈS-PLAGE**
Frankreichs südlichstes Sandstrandparadies ➤ S. 93

★ **ABBAYE ST-MARTIN-DU-CANIGOU**
Schon der steile Aufstieg in der wilden Bergwelt der Pyrenäen ist beeindruckend ➤ S. 88

NARBONNE

(📖 D8) **Seit der Antike ist Narbonne ein Verkehrsknotenpunkt. Wo sich heute die Autobahnen nach Toulouse und Spanien kreuzen, handelten einst die Römer mit Wein.**

Die alte Stadt (53 000 Ew.), in römischer Zeit Hafen und Hauptstadt der Provinz Gallia Narbonensis, hat beeindruckende Zeugnisse aus ihrer mehr als 2000-jährigen Geschichte bewahrt. Mit der Verlandung des Hafens im 14. Jh. ging es indes wirtschaftlich bergab. Nur der mitten durch die Stadt geführte Canal de la Robine verbindet Narbonne noch mit dem rund 16 km entfernten Meer, aber der Lage im großen Weingebiet AOC Corbières verdankt die Stadt soliden Wohlstand.

SIGHTSEEING

CATHÉDRALE ST-JUST-ET-ST-PASTEUR

Mit dem Palais des Archevêques und dem Hôtel de Ville bildet die Kathedrale einen burgartigen Gebäudekomplex mitten in der Altstadt. Nach der Grundsteinlegung 1272 entstand als Erstes der großartige Chor, mit 41 m einer der höchsten in Frankreich. Dem weiteren Bau widersetzten sich die Stadtväter, weil das die Zerstörung eines Teils der Stadtmauer bedeutet hätte. Das Innere schmücken u. a. eine prächtige Orgel und Wandteppiche aus Aubusson. Prunkstück des *Trésor (Juni–Sept. tgl. Mo–Sa 10–17.45, Sept.–Mai 10–12.30 und 14–17.45 Uhr | Zugang rechts vom Chor | 6 Euro),* des Kirchenschatzes, sind flämische Bildteppiche aus dem 15. Jh., die die Schöpfung darstellen. Der Kreuzgang aus dem 14. Jh. mit kunstvollen Wasserspeiern schließt sich südlich an.

PALAIS DES ARCHEVÊQUES

Der Palast setzt sich aus Bauelementen verschiedener Epochen zusammen: dem Palais Vieux (12. Jh.), dem Palais Neuf (17. Jh.) und dem Donjon Gilles-Aycelin (12. Jh.). Im Palais Neuf befinden sich das *Musée Archéologique* mit Sammlungen zur Prähistorie und Funden aus römischer Zeit sowie das *Musée d'Art et d'Histoire* mit römischen Mosaiken, Gemälden, Möbeln und Fayencen. *Sommer tgl. 10–12.45 und 14–18, sonst bis 17 Uhr | 4–6 Euro, Museumspass 10 Euro (15 Tage gültig in vier Museen, im Donjon Gilles-Aycelin, der Schatzkammer der Kathedrale und dem Geburtshaus von Charles Trenet)*

HORREUM

Wie lagerten die Römer ihr Getreide und andere Nahrungsmittel? Das verrät das einzige Bauwerk der Antike, das du in Narbonne heute besichtigen kannst – ein unterirdisches Warenlager mit zwei Flügeln, das 1838 per Zufall entdeckt wurde. *Mi–Mo 10–12.45, 14–17 Uhr | 7, rue Rouget de Lisle | 4 Euro | ⏱ 30 Min.*

MUSÉE LAPIDAIRE

In der ehemaligen *Église Notre-Dame-de-la-Mourguié* sind mehr als 1000 Fundstücke aus römischer und späterer Zeit versammelt: Stelen, Büsten, Sarkophage und andere Steinmetzar-

Jede Menge Wissen, Geschichte und Kultur warten im Palast der Erzbischöfe in Narbonne

beiten. *Sommer tgl. 9.30–12.15 und 14–18, sonst Di–So 10–12.45 und 14–17 Uhr | place Lamourguié | 6 Euro, Museumspass 10 Euro (s. Palais des Archevêques)*

ESSEN & TRINKEN

L'ESTAGNOL

Gute Brasserieküche mit Blick auf den Canal de la Robine. *Mo-Abend und So geschl. | 5 bis, cours Mirabeau | Tel. 04 68 65 09 27 | short.travel/lgr15 | €–€€*

TABLE ST-CRESCENT

In einem Gebäude aus dem 7. Jh. liegt Narbonnes Feinschmeckertempel. Das Essen von Zweisterne-Chefkoch Lionel Giraud ist so erlesen wie der Rahmen und die schattige Terrasse – ein Traum bei schönem Wetter. *Sa-Mittag, So-Abend und Mo geschl. | 68, avenue Général Leclerc | Tel. 04 68 41 37 37 | la-table-saint-crescent.com | €€€*

SHOPPEN

Ein Paradies für Schleckermäuler ist die Markthalle *Les Halles (tgl. 7–13 Uhr | boulevard Docteur Ferroul | halles-de-narbonne.com):* Wurstgirlanden, Kuttelberge, Marzipankuchen, Käselaibe. Trau dich: Koste hier die seltene Violet de Mer – ihre Aromen sind außergewöhnlich! 1901 entwarf Victor Baltard die schönste *Markthalle* der französischen Provinz beim Pont de la Liberté. Donnerstag- und sonntagvormittags ist *Markt* auf der Promenade des Barques und dem Cours Mirabeau.

INSIDER-TIPP
Exotisches Seafood

Grazile Schönheiten im Federkleid: Flamingos an Narbonnes Stränden

SPORT & SPASS

CANAL DE LA ROBINE

Auf dem Kanal, der mitten durch die Stadt verläuft, kannst du ohne Sportbootführerschein saubere Elektroboote mit fünf bis sieben Plätzen mieten (für 30 bzw. 60 Minuten). *L'Embarcadère | 32, cours de la République | 29–33 Euro*

AUSGEHEN & FEIERN

Im *Bal Masqué (6, rue Marcelin-Coural)* treffen sich Fans von Salsa, afrikanischer und kubanischer Musik, abends treten oft Livebands auf. Ein Mix aus Restaurant und Bar mit Musik aus den 1980ern, schmackhafter Küche und guten Weinen ist *Le Boulevard Café (4, place des Jacobins).*

RUND UM NARBONNE

1 BAGES

10 km/15 Min. von Narbonne (Auto)

Das Dorf der Aalfischer am Étang de Bages et de Sigean ist ein Idyll an der so intensiv erschlossenen Küste. Wenn du der Straße Richtung Peyriac-de-Mer folgst, kannst du mit etwas Glück auf dem Wasser Flamingoschwärme bewundern. *D9*

2 GRUISSAN

15 km/20 Min. von Narbonne (Auto)

Der Ort (4800 Ew.) hat drei völlig unterschiedliche Gesichter. Das alte Gruissan windet sich um den Felsen mit der Ruine des Barbarossa-Turms, samstagvormittags wird es zum Freiluftmarkt. Daneben ist ein großer Yachthafen am Étang du Grazel, und der Strand mit dunkelgrauem Sand besticht mit kleinen Ferienhäusern auf Pfählen. Einst logierten hier Fischer. Regisseur Jean-Jacques Beineix hat 1986 im Film „Betty Blue – 37,2 Grad am Morgen" die Chalets zur Kultkulisse gemacht.

Südlich des alten Ortskerns verraten Führungen durch die *Saline (lesalindegruissan.fr)* wie Meersalz gewonnen wird, samt Shop und stylischem Café mit Blick auf die Salzgärten.

Feinschmecker lieben das Restaurant *Le Lamparo (Sept.–Juni Mo/Di geschl. |*

4, rue Amiral Courbet | Tel. 04 68 49 93 65 | lelamparorestaurant.fr | €€) mit Fischspezialitäten. Gruissan ist der ideale Ausgangspunkt für Ausflüge ins zauberhafte Karstmassiv *Montagne de la Clape,* das mit seinem 214 m hohen Gipfel wie ein stiller Fels am Meer ruht. Es gehört wie die Binnenseen *(étangs)* von Bages, Sigean, Pissevaches und Lapalme zum *Parc Naturel Régional de la Narbonnaise en Méditerranée (parc-naturel-narbonnaise.fr).* Die Hügel sind für ihre Weine bekannt. Eine der besten Adressen ist das Weingut *Château L'Hospitalet (38 Zi. | route de Narbonne-Plage | Tel. 04 68 45 28 50 | chateau-hospitalet.com | €€€)* von Gérard Bertrand mit luxuriösem Hotelrestaurant. Auch Pierre Richard, der große Blonde mit dem schwarzen Schuh, ist unter die Winzer gegangen.

INSIDER-TIPP
Wein vom Leinwandstar

Im Sommer signiert der Schauspieler seine Tropfen *(Château Bel Évêque | Gruissan | Tel. 04 68 75 00 48 | vinspierrerichard.com | €–€€).* 🕮 *D–E9*

3 NARBONNE-PLAGE & ST-PIERRE-SUR-MER

18, bzw. 22 km/30 Min. von Narbonne (Auto)

Im Osten von Narbonne liegen die beiden typischen Badeorte mit endlos langen Sandstränden, die im Winter zu Geisterstädten werden. Beeindruckend ist die Schlucht *L'Œil-Doux* mit riesigen weißen Felswänden, die wie ein antikes Theater einen kleinen, smaragdgrünen See umschließen. Start für den einstündigen Spaziergang (festes Schuhwerk nötig) ist ein Parkplatz an der Landstraße zwischen St-Pierre-sur-Mer und Fleury-d'Aude. 🕮 *E8–9*

4 RÉSERVE AFRICAINE DE SIGEAN

16 km/20 Min. von Narbonne (Auto)

Auf einem rund 3 km² großen Gelände, das mit niedrigem Buschwerk, verdorrtem Gras und Wassertümpeln fast wie afrikanische Steppe wirkt, tummeln sich rund 3800 Tiere. Fahr mit dem Auto im Schritttempo durch den weitläufigen Tierpark und beobachte Antilopen, Flusspferde, Geparden, Giraffen, Löwen und viele andere Tierarten aus der Nähe. Einen Teil des Geländes kannst du zu Fuß erkunden, dort leben die Tiere in großen Gehegen. *Sommer tgl. 9–18.30, sonst 9–16 Uhr | 32 Euro, Kinder 23 Euro | reserveafricainesigean.fr /1 |* 🕮 *D9*

5 ABBAYE DE FONTFROIDE ★

15 km/25 Min. von Narbonne (Auto)

In einem stillen Tal, eingerahmt von üppiger, mediterraner Vegetation, versteckt sich die stattliche, bereits 1093 gegründete Zisterzienserabtei. Ihre Blütezeit erlebte sie im 12./13. Jh., als sie zur reichsten Abtei im Languedoc, aber auch des gesamten Ordens wurde. Bei der einstündigen Führung durch das Kloster werden die wechselvolle Geschichte und die Funktion einer großen Abtei lebendig. Stimmungsvoll sind die nächtlichen Führungen *(Juli/Aug., ausgewählte Termine 21.30–22.30 Uhr | 15 Euro). Führungen Juli/Aug. tgl. 10–19, April–Juni, Sept./Okt. 10–18, Nov.–März 10–*

12.30 und 13.30–17 Uhr | 13,50 Euro | fontfroide.com).
Im angeschlossenen Restaurant *La Table de Fontfroide (Juli/Aug. tgl. mittags, Mi–Sa auch abends | €–€€)* gibt es gute Mittelmeerküche. *D9*

6 LAGRASSE

42 km/45 Min. von Narbonne (Auto)
Die ehemalige Hauptstadt der Corbières (500 Ew.) ist dominiert von der *Abtei Ste-Marie*, die nach der Französischen Revolution geteilt wurde: Im Kloster leben die Mitglieder des kleinen Ordens Les Chanoines Réguliers de la Mère de Dieu, die im Sommer den Kreuzgang und die gotische Kirche aus dem 13. Jh. öffnen *(tgl. 15.15–17.25 Uhr | 4 Euro | lagrasse.org).* Nebenan liegen der alte Bischofssitz, die Kapelle und der Schlafsaal aus dem 13. Jh. mit seinen wunderbar erhaltenen Bögen *(Juli–Sept. tgl. 10–19, Okt.–Juni 10–12.30 und 14–17 Uhr | 4 Euro | abbayedelagrasse.com).*
Von der Abtei geht es über die Steinbrücke aus dem 12. Jh. in das Dorf mit heute nur noch 600 Ew., das mit einer Markthalle aus Holz und kleinen Häusern seinen mittelalterlichen Charakter bewahrt hat. Mittendrin liegt das Restaurant *Les Trois Graces (Di-Mittag und Mo geschl. | 5, rue du Quai | Tel. 04 68 43 18 17 | lestroisgraces.pagesperso-orange.fr | €€).*
Im Sommer lohnt ein Ausflug nach *Mayronnes* (10 km) zum gut 6 km langen *Sentier Sculpturel* durch Weinberge und *garrigue* mit Skulpturen von zeitgenössischen Künstlern der Region *(Eintritt frei | sentiersculpturel.com).* *C9*

PERPIGNAN

(D10) **Rot-gelb gestreift wehen die Flaggen, Perpinyá steht stolz auf dem Ortsschild: In der Hauptstadt (116 000 Ew.) des Roussillon herrschen katalanisches Erbe und Lebenslust.**
Beim Bummel durch die Gassen der Altstadt, bei den Sardana-Tänzen auf der place de la Loge, beim *petit noir* oder *café au lait* auf palmengesäumten Plätzen oder in einer *casa* oder *bodega* mit katalanischer Speisekarte fühlt man sich fast jenseits der Grenze.

SIGHTSEEING

CASTILLET (CASA PAIRAL)

Der Backsteinbau aus dem 14. Jh. mit seinen beiden Türmen war einst Teil der Stadtbefestigung und diente als Stadttor. Innen kannst du das Museum *Casa Pairal* besichtigen und die Kultur der Katalanen kennenlernen –

WOHIN ZUERST?

Super zentral und sicher parkst du im *Parkhaus Wilson (22, boulevard Wilson)* an den allées Maillol, die auf den geschleiften Wallanlagen angelegt wurden. Von dort erreichst du nach wenigen Schritten das Tor zur Altstadt, den Backsteinbau des Castillet an der **Place de Verdun.** Vom Bahnhof fahren die Busse 2, 6, 8, 9, 13, 14, 15, 17 und 34 zur Place de Verdun.

Das Castillet steht wie kein anderer Bau in Perpignan für dessen katalanisches Erbe

und vom Turm den schönen Blick auf Stadt und Umgebung genießen. *Mai–Sept. Di–So 10–18.30, Okt.–April 11–17.30 Uhr | place de Verdun | 2 Euro | 1 Std.*

CATHÉDRALE ST-JEAN-BAPTISTE

Eine der schönsten gotischen Kirchen des Mittelmeerraums. Begonnen 1324, wurde die Kathedrale erst 1509 geweiht. Romanisch ist ein Christusportal aus Marmor. Eindrucksvolle 48 m misst das einzige Schiff, in den zahlreichen Kapellen sieht man schöne Altarblätter. *Place Léon Gambetta*

CAMPO SANTO

Der Kreuzgang der Kathedrale St-Jean-Baptiste ist einer der ältesten mittelalterlichen Friedhöfe Frankreichs. Mit seinen restaurierten gotischen Arkaden, den Grabnischen der reichen Familien von Perpignan bildet er einen schönen Ort der Ruhe mitten in der Stadt. Jeden Sommer ist er Bühne für „Live au Campo": Zucchero, Sting und Joan Baez waren dort schon zu hören. *Sept.–Juni Mo, Mi–Sa 10–12 und 15–19, So 14–17 Uhr | rue Amiral Ribeil (bei der Kathedrale St-Jean)*

INSIDER-TIPP
Kirchhof-kulisse

MUSÉE HYACINTHE RIGAUD

Neben den Gemälden des berühmten einheimischen Porträtisten (1659–1743) sind im schönen Stadtpalast Werke von Raoul Dufy, Pablo Picasso, Aristide Maillol und anderen zu sehen. *Hôtel de Lazerme | Mai–Sept. Mi–Mo 12–18.30, Okt.–April 11–17.30 Uhr | 16, rue de l'Ange | Eintritt frei | 3 Std.*

Südliches Flair herrscht in den katalanisch geprägten Altstadtgassen von Perpignan

PALAIS DES ROIS DE MAJORQUE

Die sternförmige Zitadelle mit ihren mächtigen Bastionen, gekrönt vom ehemaligen Palast der mallorquinischen Könige, ist die wichtigste Sehenswürdigkeit. Auf dem Hügel Puig del Rey wurde im 13. Jh. der Palast erbaut, das Bollwerk ringsum entstand nach der französischen Besetzung. Die Cour d'Honneur, der Ehrenhof, lässt die einstige Pracht der Residenz erahnen. Ansonsten ist der strenge Palast so gut wie leer. Vom Turm blickst du über die Stadt bis zu den Pyrenäen. *Juni–Sept. tgl. 10–18, Okt.–Mai 9–17 Uhr | 4, rue des Archers | 4 Euro*

ESSEN & TRINKEN

LE FIGUIER

Im Zentrum von Perpignan, nicht weit von der Kathedrale entfernt, findest du dieses kleine, bei Einheimischen beliebte Restaurant, das auf katalanische Küche und Weine aus der Region setzt. *So/Mo geschl. | 7, rue du Figuier | Tel. 04 68 63 14 82 | Facebook: Le Figuier | €–€€*

LA RENCONTRE

Das typische katalanische Restaurant liegt in einer kleinen Straße unweit der place de la Loge, auf der an Sommerabenden regelmäßig die traditionelle *sardane* getanzt wird. Hier werden frische Produkte verarbeitet und ein preisgünstiger Mittagstisch serviert. *Sa–Mo mittags geschl. | 16, rue des Cardeurs | Tel. 04 68 34 42 73 | restaurant-larencontre.fr | €–€€*

SHOPPEN

Der farbenfrohe *Markt (tgl. 7.30–13.30 Uhr)* für Lebensmittel, Kleider und Krimskrams mit gut 100 Ausstellern auf der place Cassanyes ist ein Markenzeichen von Perpignan. Dasselbe gilt für den *Lebensmittelmarkt (Di–So)* morgens auf der place République, wo jeden Samstag Biohändler anrücken. Ganz in der Nähe: der *Mini-Souk* in der rue Paratilla. Die Adresse für bunte Stoffe in typisch katalanischen Streifenmustern ist *Les Toiles du Soleil (1, place Léon Gambetta | toiles-du-soleil.com).* Was den Wein angeht, bist du am besten bei den *Vignerons Catalans (1870, avenue Julien-Panchet | vigneronscatalans.com)* aufgehoben, die gut 2000 Winzer der Region vertreten. Shopping und Genuss verbinden die *Galeries Lafayette (1, place de la Résistance),* die ihre Dachterrasse in eine Café-Bar verwandelt haben – genieß zum *petit noir* oder Wein im Liegestuhl den 360°-Blick.

INSIDER-TIPP
Himmlische Shopping-pause

RUND UM PERPIGNAN

7 MÉMORIAL DU CAMP DE RIVESALTES

17 km/20 Min. von Perpignan (Auto)

Ab 1942 war Rivesaltes Hauptsammellager für die Juden in der „freien Zone". 2313 jüdische Häftlinge wurden von dort in das Durchgangslager Drancy oder direkt nach Auschwitz deportiert. Aber auch Sinti und Roma, Bürgerkriegsflüchtlinge, arabische Muslime, die in den Kolonialkriegen für Frankreich gekämpft hatten (Harki) und all die anderen, die Frankreich nicht haben wollte, wurden hier interniert: 80 000 Menschen aus 16 Nationen. Heute ist das Lager eine Gedenkstätte, die mit Museum und Lagerbauten die Erinnerung wachhält. *April–Okt. tgl. 10–18, Nov.–März Di–So 10–18 Uhr | avenue Christian Bourquin | 8, Kombiticket mit Forteresse de Salses 10 Euro | memorialcamprivesaltes.eu | 2 Std. | D10*

8 FORTERESSE DE SALSES

19 km/20 Min. von Perpignan (Auto)

Das im 15. Jh. erbaute, prächtige Fort erinnert an die Zeit, als Frankreich und Spanien um das Roussillon kämpften. Bei der Führung wird auch der für seine Zeit überaus moderne Wohnkomfort gezeigt: WC, Kühlanlagen, eine Art Sauna und mehr. *April–Sept. tgl. 10–18.30, Okt.–März 10–12.45 und 14–17.15 Uhr | 8 Euro | D10*

9 FITOU

30 km/35 Min. von Perpignan (Auto)

Das Fitou ist die älteste AOC-Lage des Languedoc-Roussillon (1948) und berühmt für seine Crus aus der Carignan-Traube. Seine beiden Anbaugebiete am Meer (Fitou, Caves, Treilles) und in den Bergen (Cascastel, Villeneuve und Tuchan) trennen 30 km. Zu den größten Kooperativen gehören die *Vignerons du Mont Tauch (Tel. 04 68 45 41 08 | mont-tauch.fr)* im Dorf *Tuchan*. Sehenswert sind die romanische Kirche St-Félix im Weindorf *Embres-et-Castelmaure* 18 km nördlich von Tuchan und die *Schlossruine von Padern* 8 km südwestlich von Tu-

Orgelpfeifen? Felskathedralen? Naturwunder! Les Orgues bei Ille-sur-Têt

chan auf dem Weg zu den großen Katharerburgen Quéribus und Peyrepertuse. Die Ruine des *Château d'Aguilar (April–Mitte Juni tgl. 10–18, Mitte Juni–Sept. 10–19, April, Okt. 11–17, 1. Novemberwoche Fr 11–16, März Sa/So 11–16 Uhr | 4 Euro)* thront auf einem Hügel inmitten der Weinberge. *D9*

10 TAUTAVEL ★

35 km/40 Min. von Perpignan (Auto)

Die Hochburg der Vorgeschichte im Roussillon macht dich mit dem 450 000 Jahre alten *Homme de Tautavel* bekannt, dessen Schädel- und Skelettreste 1971 und 1979 in der Grotte Caune de l'Arago gefunden wurden. Das *Musée de Tautavel/Centre Européen de Préhistoire* bringt dir das Leben im Roussillon zwischen 700 000 und 100 000 v. Chr. nahe, samt der Nachbildung der Grotte und dem Skelett des rund 1,65 m großen „ersten Europäers". *Juli/Aug. tgl. 10–19, April–Juni, Sept. 10–12.30 und 14–18, Okt.–März 10–12.30 und 14–17 Uhr | 8 Euro | tautavel.com | 1,5 Std. | D10*

11 CHÂTEAU DE QUÉRIBUS

42 km/45 Min. von Perpignan (Auto)

Am Weg nach Peyrepertuse liegt die Burg wie ein Adlerhorst auf steilem, 728 m hohem Fels. Sie wurde nach dem Fall von Montségur 1255 als letzte katharische Bastion übergeben. Nach umfangreichem Ausbau diente sie dem französischen König zur Sicherung des Roussillon und der Grenze nach Aragón. Quéribus besteht aus drei übereinander gelegenen Befestigungen. Kernstück ist der mächtige Donjon mit schönem gotischen Gewölbesaal und zentralem Pfeiler. *Juli/Aug. tgl. 9–20, April–Juni, Sept. 9.30–19, März, Okt. 10–18, Nov./Dez., Feb. 10–17 Uhr | 7,50 Euro | C9–10*

12 CHÂTEAU DE PEYREPERTUSE ★

55 km/1 Std. von Perpignan (Auto)

Der Aufstieg, erst im Auto, dann gut 20 Minuten zu Fuß (festes Schuhwerk!), ist atemraubend. Die größte Burg im *pays cathare* erstreckt sich über 90 000 m² und gleicht mit ihren fast 2,5 km langen Mauern eher einer Stadt auf schroffem Fels. Sie lag im 12. Jh. im Machtbereich des Königs von Aragón und war daher zunächst vom Kreuzzug gegen die Katharer nicht betroffen. Erst als sich 1240 mehrere „Ketzerherren" hierher flüchteten, wurde sie belagert, und Guilhem de Peyrepertuse ergab sich dem französischen König. Die Burg besteht aus drei Teilen: untere und mittlere Befestigungsmauern sowie Donjon Sant Jordy bzw. Château St-Georges. Gegenüber dem einzigen Eingang zur Burg liegt die romanische Kirche Ste-Marie. Daneben steht der alte Donjon. Der mittlere Teil der Burg wird durch einen Wachtturm *(Tour de Guet)* gesichert. Zum obersten Teil kommst du über die in den Fels gehauene *Escalier de St-Louis,* eine Treppe, die Ludwig der Heilige um 1242 anlegen ließ. An den Donjon des Château St-Georges ist die *Kapelle Sant Jordy* gebaut, mit 796 m der höchste Punkt von Peyrepertuse. Von hier reicht der Blick bis zum Mittelmeer. Im Sommer

INSIDER-TIPP
Flugspektakel

lässt Falkner Patrice Potier während der „Spectacles de la Fauconniere" Raubvögel nah über deinem Kopf fliegen! *Juli/Aug. tgl. 9–20, Juni, Sept. 9–19, April/Mai, Okt. 10–18, Feb./März, Nov./Dez. 10–17 Uhr | 7, Juli/Aug. 10 Euro | chateau-peyrepertuse.com* | *C9*

13 CASTELNOU

20 km/30 Min. von Perpignan (Auto)

Ein mittelalterliches Bilderbuchdorf in den Aspres mit der ältesten Burg (um 990, im 19. Jh. restauriert) des Roussillon – lass dich in seinen Gassen einfach treiben! *castelnou.com* | *D10*

14 ILLE-SUR-TÊT

27 km/25 Min. von Perpignan (Auto)

Das sympathische Städtchen mit seinen schmalen, mittelalterlichen Gassen wird vom viereckigen Glockenturm der Kirche *St-Étienne-del-Pradaguet* aus dem 14. Jh. überragt. Einen Besuch lohnt das reich mit sakraler Kunst bestückte ★ *Hospici d'Illa (Mitte Juni–Sept. Mo–Fr 10–13 und 14–18, Sa/So 14–18, Okt./Nov. und Feb.–Mitte Juni Mi–Mo 14–18 Uhr | 4 Euro),* in dem auch interessante wechselnde Ausstellungen zu sehen sind.

In nordöstlicher Richtung, nahe am Ortsausgang, ist das Naturwunder *Les Orgues (April–Mitte Okt. tgl. 9.30–19, Juli/Aug. bis 20 Uhr, Feb., März, Mitte Okt.–Mitte Nov. 10–18, Mitte Nov.–Jan. 14–17.30 Uhr | 5 Euro | lesorgues.ille-sur-tet)* zu betrachten: Felssäulen, die wie überdimensionale Orgelpfeifen oder Schornsteine aussehen. *C10*

QUILLAN

(B9) **Das lebendige Städtchen (3500 Ew.) am Schnittpunkt wichtiger Straßen ins einsame Hochplateau Capcir, in die Bergwelt der Cerdagne und nach Spanien ist ein**

günstiges Standquartier für Aktivurlaub im Tal des Oberlaufs der Aude.
Jeden Samstagvormittag im Sommer erobern lokale Erzeuger die Straßen und verwandeln das Zentrum in einen riesigen Freiluftmarkt.

SPORT & SPASS

LA FORGE

Kanufahren, Klettertouren und Canyoning in den Schluchten der Aude oder den Gorges de Galamus: Das Sportzentrum in der früheren Schmiede bietet heute viele Freizeitaktivitäten an und lockt mit preisgünstigen Übernachtungsmöglichkeiten in einer Jugendherberge am südlichen Ausgang des Dorfs. *Route de Perpignan | Tel. 04 68 20 23 79 | laforgedequillan.fr*

RUND UM QUILLAN

15 GORGES DE L'AUDE

12 km/15 Min. von Quillan (Auto)
Von der D 117 zwischen Quillan und St-Paul-de-Fenouillet zweigt die D 118 ab, die südwärts durch die Haute-Vallée de l'Aude und das Hochplateau Capcir bis Mont-Louis führt. Eine schöne Strecke, die zuerst durch die engen, von hohen Felsen eingerahmten *Gorges St-Georges,* dann durch die wilden *Gorges de l'Aude* führt – ein Paradies für Kanu- und Kajakfans *(rocaqua.com).* *B10*

16 CHÂTEAU DE PUILAURENS

15 km/25 Min. von Quillan (Auto)
Immer noch strahlt die Burgruine geballte Wehrhaftigkeit aus: 700 m hoch, mit Türmen und hohen Mauern auf steil abfallendem Fels, war die Burg praktisch uneinnehmbar. Sie sicherte die Grenze mit Aragón und diente im Kreuzzug gegen die Katharer einigen *bonshommes* und enteigneten *seigneurs* als Zufluchtsort. *Juli/Aug. tgl. 9–20, April–Juni und Sept. 10–18, Okt. 10–17 Uhr | 7 Euro | chateau-puilaurens.com | C10*

17 GORGES DE GALAMUS

40 km/1 Std. von Quillan (Auto)
Oberhalb der Kleinstadt *St-Paul-de-Fenouillet* (1800 Ew., *st-paul66.com*) – idealer Ausgangspunkt, um die nahen Katharerburgen Quéribus, Puilaurens und Peyrepertuse zu entdecken – hat der junge Fluss Agly einen spektakulär engen Einschnitt in den Karst gefräst: Die Gorges de Galamus verbinden die Départements Aude und Pyrénees-Orientales. Wohnmobile und Reisebusse sind nicht zugelassen, der Verkehr ist halsbrecherisch. Daher ist es auch viel eindrücklicher, den Canyon zu Fuß oder mit dem Mountainbike zu erkunden: Bei den Schrebergärten von St-Paul-de-Fenouillet, das bei Outdoor-Fans und Kletterern für seine beiden Vie Ferrate bekannt ist, beginnt ein Wanderweg hinauf zur Schlucht, außerdem startet hier eine Tagestour mit dem Rad.
Am südlichen Eingang baute ein Einsiedler im Mittelalter eine kleine Kapelle samt Wohnhaus in den Fels *(Ermitage Saint-Antoine | Ostern–15. Nov.*

Hydrospeed nennt sich die Rafting-Variante ganz ohne Schlauchboot auf dem Fluss Aude

tgl. 12–18.30 Uhr | Spende willkommen) – zu Ostern Ziel einer Pilgerfahrt, bei der nach der Messe aus einer XXL-Pfanne gemeinsam ein Omelett genossen wird. C9–10

18 ALET-LES-BAINS

20 km/30 Min. von Quillan (Auto)

Das Kurbad hat eine große Geschichte: Die *Benediktinerabtei (Mai–Okt. Mo–Sa 10–12.30 und 14.30–18 Uhr | 4 Euro)* aus dem 9. Jh. war ab 1318 Bischofssitz. In den Religionskriegen des 16. Jhs. zum großen Teil zerstört, lohnt die Ruine der romanischen Abteikirche dennoch den Besuch.

Nördlich vom mittelalterlichen Ortskern entdeckten die Römer vor mehr als 2000 Jahren eine der kraftvollsten Thermalquellen Frankreichs. Ihr Wasser wird seit 120 Jahren in Flaschen gefüllt – älter ist kaum ein Mineralwasser im Hexagon. Feuchte Adrenalinkicks erlebst du beim Raften und Paddeln *(Rafting ab 28 Euro | aleteauvive.com)* auf der Aude – besonders nach der Schneeschmelze. C9

19 CHÂTEAU DE PUIVERT

16 km/20 Min. von Quillan (Auto)

Das Schloss entstand wie die anderen Katharerburgen erst nach dem Kreuzzug. Umgeben von der Mauer mit sechs Türmen, erstreckt sich der 80 m lange und 40 m breite Hof. Im 32 m hohen Donjon erklingt im Sommer Musik vom Band aus der Zeit der Troubadoure. *Mai–Mitte Nov. tgl. 9–19 Uhr | 5 Euro | chateau-de-puivert.com*

Im Dorf Puivert präsentiert das *Musée du Quercorb (Mitte Juli/Aug. tgl. 10–19, April–Mitte Juli, Sept. 10–12.30 und 14–18, Okt. 14–17 Uhr | 16, rue du Barry-du-Lion | 4 Euro | quercorb.*

com/musee-du-quercorb) Nachbauten historischer Musikinstrumente.

INSIDER-TIPP
Bier von hier

Durstig? Dann gönn dir ein kühles Craft Beer aus dem Katharerland in der *Brasserie du Quercorb (Do–So 15–21 Uhr | an der D117 | bdq.fr | €–€€)!* B9

20 CHÂTEAU DE MONTSÉGUR

40 km/50 Min. von Quillan (Auto)

Im letzten Zentrum des Widerstands, ihrer heimlichen Hauptstadt Montségur, hielten die Katharer zehn Monate lang einem katholischen Heer von rund 10 000 Mann stand, ehe die Feste fiel. Über 200 Katharer, die ihrem Glauben nicht abschwören wollten, wurden am 16. März 1244 auf einem riesigen Scheiterhaufen unterhalb der Burg verbrannt. Ein Gedenkstein am Zugangspfad markiert die Stelle des Scheiterhaufens. Drohnenverbot! *Juli/Aug. tgl. 9–19, April–Juni 9–18, Okt. 10–17, März, Nov./Dez., Feb. 11–16 Uhr | 5,50 Euro | montsegur.fr |* B9

PRADES

(C10) **Das Städtchen (6000 Ew.) am Fuß des Pic du Canigou ist das geeignete Standquartier für Ausflüge wie nach Eus, Evol oder Mosset, die zu den schönsten Dörfern Frankreichs zählen.**

Von Ende Juli bis Mitte August pilgern zudem Musikfreunde aus aller Welt zum Festival Pablo Casals in den hübschen Ort und in die benachbarte Abbaye St-Michel-de-Cuxa. 1950 wählte der große spanische Cellist (1876–1973) Prades während der Franco-Diktatur als Exil.

SIGHTSEEING

ÉGLISE ST-PIERRE

Die Altstadt wird vom imposanten Glockenturm der Kirche überragt. Man erbaute ihn im 12. Jh. aus dem rosa getönten Marmor des Conflent. Der prunkvolle Dreifaltigkeitsaltar des katalanischen Bildhauers Joseph Sunyer soll der größte Barockaltar der Welt sein. Lass das Kunstwerk aus dem 17. Jh. mit seinen über 100 Skulpturen leuchten und wirf einen Euro in den Schlitz. Sehenswert auch eine Pietà, ein schwarzer Christus aus dem 16. Jh. und der *trésor,* der Kirchenschatz *(Juli–Sept. Mo–Fr 10–12 und 15.30–18 Uhr).*

MUSÉE PABLO CASALS

Ein Saal in der städtischen Mediathek ist dem weltberühmten Cellisten Pablo Casals gewidmet, der viele Jahre während seines Exils in Prades lebte. In den anderen Sälen sind Gemälde des aus Prades stammenden Malers Martin Vivès sowie eine archäologische Sammlung untergebracht. *Mo–Fr 9–12 und 14–17, Sommer bis 18 Uhr | 4, rue Victor-Hugo | Eintritt frei | paucasals.org | 1 Std.*

ESSEN & TRINKEN

LE PATIO

Ein kleines Restaurant mitten in der Stadt gegenüber der Kirche, mit hüb-

Bis ins Mittelalter reichen die Ursprünge der Benediktinerabtei St-Michel-de-Cuxa zurück

schem Saal, einer Terrasse und guter Regionalküche. *Sa-Mittag und So-Abend geschl. | 19, place de la République | Tel. 04 68 05 35 60 | €–€€*

RUND UM PRADES

21 ABBAYE ST-MICHEL-DE-CUXA

3 km/8 Min. von Prades (Auto)

Das uralte Benediktinerkloster war bereits in vorromanischer Zeit ein kultureller Mittelpunkt des Roussillon. Die Kirche wurde 974 geweiht; zahlreiche bedeutende Männer ihrer Zeit, darunter der Doge von Venedig, suchten hier innere Einkehr. Während der Französischen Revolution wurde das Kloster verkauft, seine Kunstschätze wurden verschleudert. Alljährlich Ende Juli bis Mitte August findet in der Abtei das berühmte *Festival Pablo Casals* statt. *Mai–Sept. tgl. 9.30–11.50 und 14–18, Okt.–April Mo–Sa 9.30–11.50 und 14–17, So 14–17 Uhr | 6 Euro |* *C10*

22 PRIEURÉ DE SERRABONE

25 km/40 Min. von Prades (Auto)

Ein stiller Ort der Einkehr ist dieses kleine Kloster. Es wurde im 11. Jh. von Augustinern gegründet, die hier im kargen, von der Sonne ausgedörrten Hügelland der Aspres wie die Eremiten lebten. Die Askese hinderte sie nicht, die besten Bildhauer und Steinmetzen des Roussillon zu engagieren, die aus Serrabone eine Perle der Romanik machten. Vorbei an den prächtigen Kapitellen der säulengeschmückten Südgalerie betritt man die aus großen Schieferblöcken errichtete Kirche. Sie birgt ein Kunstwerk von hohem Rang: die reich geschmückte, säulengetragene Tribüne aus rosa Marmor mit herrlichen Kapitellen. Neben Greif, Adler und Löwe schmücken auch Engel, Monster und Mörder die Darstellung der Apokalypse. *Tgl. 10–18 Uhr | 4 Euro | 1 Std. |* *C10*

23 VILLEFRANCHE-DE-CONFLENT

7 km/12 Min. von Prades (Auto)

Der militärische Zweck hat dem Dorf am Zusammenfluss von Têt und Cady den Stempel aufgedrückt: Hohe Mauern und Bastionen erwecken von außen den Eindruck einer Festung. Im Innern findet man ein reizendes Ministädtchen mit Plätzen und Gassen – besonders schön abends, wenn die vielen Souvenirläden geschlossen sind. Lange war der 1090 gegründete Ort das wirtschaftliche Zentrum der Region, woran stattliche Wohnhäuser erinnern. Die imposanten Stadtmauern *(remparts)* kannst du begehen *(Sommer tgl. 10–20 Uhr | 4,50 Euro)*. Sehenswert ist auch die stattliche Kirche *St-Jacques* aus dem 12./13. Jh. mit einer Fassade aus rosa Marmor. Über dem Ort thront das *Fort Liberia (Sommer tgl. 10–20 Uhr | Pendelbus von Villefranche | 7 Euro | fort-liberia.com)*, eine Verteidigungsanlage, die Sébastien de Vauban 1679 errichtete. Ein originelles Caférestaurant ist die *Bar El Canigó (tgl. | 89, place du Génie | Tel. 04 68 96 12 19 | bistrot-villefranche.com | €)*, die Joël Mené als lustiges Feuerwehrmuseum zum Treffpunkt gemacht hat – im Hauptberuf löscht der sympathische Katalane Waldbrände. Vegetarische Gerichte, preisgünstige Mahlzeiten, eine schattige Terrasse, Konzerte und Ausstellungen sind weitere Trümpfe des Hauses, das zu den „Bistrots de Pays" gehört, die Frankreichs Dörfern neues Leben geben. *C10*

24 VERNET-LES-BAINS

12 km/20 Min. von Prades (Auto)

Schön ist der Anblick des Dorfs (1500 Ew.) mit dem weiß leuchtenden Pic du Canigou im Hintergrund, der schon den englischen Schriftsteller Rudyard Kipling begeistert hat. Im neueren Ortsteil liegt das kleine Kurzentrum mit Thermalquelle. Das alte Vernet ist ein Gebirgsdorf mit steilen Gässchen und der hoch gelegenen *Église St-Saturnin* aus dem 12. Jh., daneben eine wieder aufgebaute *Burg* mit zinnengekröntem Turm. Im *Office de Tourisme (place de la République | Tel. 04 68 05 55 35 | vernet-les-bains.fr)* gibt es ein sehenswertes Heimatmuseum mit regelmäßigen *Führungen (2 Euro)* im Sommer durch das alte Dorf. *C10*

25 ABBAYE ST-MARTIN-DU-CANIGOU ★

15 km/25 Min. von Prades (Auto)

Das Ensemble der Klosterbauten auf 1094 m Höhe vor dem Schneegipfel des Pic du Canigou ist hinreißend. Der steile Anstieg vom Dorf Casteil (zwei Stunden hin und zurück) in herrlicher Bergwelt bereitet angemessen auf die Begegnung vor. St-Martin-du-Canigou wurde 1001 gegründet, im 15. Jh. zerstörte ein Erdbeben die Abtei, die erst im 20. Jh. weitgehend wieder aufgebaut wurde. Nach der Besichtigung

Blühende Bäume vor dem Mont Canigou

empfiehlt sich der Aufstieg rechter Hand über eine Treppe durch den Wald zu einem Felsvorsprung mit tollem Blick über die Anlage. Du willst in der Stille einmal so richtig auftanken und neue Kraft schöpfen? Dann gönn dir hier eine *halte spirituelle*, eine Auszeit im Kloster! (Bitte berücksichtigen: keine Unterkunft für sonstige Besucher.) *Führungen Juni–Sept. tgl. 10–17 Uhr stdl., Okt.–Dez., Feb.–Mai 10, 11, 14, 15 und 16 Uhr | 6 Euro | Tel. 04 68 05 50 03 | stmartinducanigou.org | C10–11*

INSIDER-TIPP
Zeit für dich

26 PIC DU CANIGOU ★

20 km/1,5 bis 2 Std. von Prades zu den Schutzhütten (Auto)

Mit 2785 m ist der Canigou zwar keineswegs der höchste Berg der französischen Pyrenäen, sein stolzes Profil und die ganzjährige Schneekappe aber haben ihn zum „heiligen Berg der Katalanen" gemacht. Alljährlich wird zu Johanni im Juni ein Feuer auf dem Gipfel entzündet und mit Fackeln in die Täler beiderseits der Grenze getragen. Zwei Forstwege sind zu den Schutzhütten von Mariailles (erreichbar über die D116 via Vernet-les-Bains und Cortalets (via D24) angelegt, von wo unterschiedlich lange Wege in drei bis sechs Stunden hinauf auf den Gipfel führen. *C11*

27 FONTPÉDROUSE

25 km/35 Min. von Prades (Auto)

Mit den *Bains de St-Thomas (tgl. 10–19.40, Juli/Aug. bis 20.40 Uhr | 7 Euro Außenbecken, 15,50 Euro Hamam und Innenbereich | bains-saint-thomas.fr)* lockt in diesem Dorf eines der schönsten Thermalbäder der Region: drei Außenbecken auf 1150 m Höhe mit rund 37 Grad warmem Wasser! *B11*

Tunnels, Täler, tolle Berge: im Train Jaune

28 MONT-LOUIS

35 km/50 Min. von Prades (Auto)
Die Festungsstadt (400 Ew.) wurde im 17. Jh. von Sébastien de Vauban entworfen. Die Zitadelle in 1600 m Höhe ist noch heute eine Ausbildungsstätte der französischen Armee – und Standort eines *Sonnenofens (Four Solaire | tgl. 10–12.30 und 14–18, im Hochsommer bis 19, im Winter bis 17 Uhr | 6,50 Euro | four-solaire.fr)* von 1949, in dem heute noch Keramik emailliert und Bronze geschmolzen wird. Die Festung ist Ausgangspunkt für Ausflüge zum Naturparadies rund um den Stausee *Lac des Bouillouses (Juli/Aug. wochenends Busshuttle | 5 Euro)* auf 2000 m Höhe mit herrlichen Wanderwegen zu den Teichen *(étangs)* mit ihren Weideflächen am Fuß des 2921 m hohen Pic Carlit, des höchsten Bergs des Departements Pyrénées-Orientales. *B11*

29 LE TRAIN JAUNE

7 km/12 Min. (Auto) von Prades bis Villefranche-de-Conflent
Der „gelbe Zug" zuckelt von Villefranche-de-Conflent in den auf 1231 m gelegenen Grenzort Latour-de-Carol. Ursprünglich sollte er die abgelegenen Pyrenäentäler erschließen. Heute ist der Zug ein Touristenmagnet, der ganz gemächlich durch eine Berglandschaft von atemraubender Schönheit zuckelt. Im Sommer kannst du die Fahrt in offenen Wagen erleben! Unterwegs geht es über zwei schwindelerregend hohe Talbrücken und 19 Tunnel. Du kannst die Fahrt auch unterbrechen und beispielsweise in Font-Romeu oder Mont-Louis einen Halt einlegen. Achtung: In 14 der 21 Stationen hält der Zug nur bei Bedarf! Im Sommer gibt es auf der 63 km langen Strecke täglich etwa sechs Hin- und Rückfahrten. *Hin- und Rückfahrt Gesamtstrecke 49,60 Euro | B-C 10-11*

INSIDER-TIPP
Schienen-cabrio

CANET-EN-ROUSSILLON

(D10) **Das große Seebad (12 000 Ew.) nahe Perpignan ist**

mit seinem prächtigen, kilometerlangen Sandstrand an palmengesäumter Promenade, seinen bis zu zehn Stockwerke hohen Hotels und Appartementhäusern, seinen Clubs, Bars und Restaurants das Miami Beach des Roussillon – und kann genauso feiern!
Wer neben Baden und Sonnen Wert auf ein vielseitiges Sport- und Freizeitangebot legt, ist hier richtig.

SIGHTSEEING

ÉTANG DE CANET

Rosa Flamingos sind die Stars unter den 230 Vogelarten, die du hier von verschiedenen Punkten an einem 2,5 km langen Pfad entlang dem 9,6 km² großen Étang am westlichen Rand von Canet beobachten kannst.

ESSEN & TRINKEN

CAN MARCEL

Das Ambiente des Strandlokals ist schlicht, doch was Christophe Perrin in der Küche zaubert, ist köstlich wie mediterran – von der frischen Fischküche mit gegrillten Garnelen und Tintenfischspieß bis zum zarten Filetsteak mit Gemüse-Kräuter-Haube. *Sa, Do, Fr 12–14.30, 19–22.30, Di, Mi, So 12–14.30 Uhr | 101, Promenade de la Côte Vermeille | Tel. 04 68 80 64 55 | short.travel/lgr13 | €€*

VIGATANE

Köstlicher Fisch, Fleisch und Muscheln, serviert in einer einstigen Kellerei – regelmäßig gibt es Live-Musik zum Mahl. *Mi–Sa 10–14 und 18–22, So 10–14 Uhr | 2, rue des Remparts | Tel. 04 68 73 16 30 | vigatane.fr | €€*

SPORT & SPASS

TENNIS

Zwei Hallen- und vier Außenplätze warten im *Centre de Tennis Europa (4, avenue Guy Drut | Tel. 04 68 73 08 51).*

WASSERSPORT

Einen guten Ruf haben die Segelkurse des *Club Nautique Canet Perpignan (Tel. 04 68 73 33 95 | fairedelavoile.fr).*

STRÄNDE

4 km Strand sind bewacht, in neun Abschnitte unterteilt. Nördlich des Hafens liegt die *Plage du Sardinal,* zu der die Camper der angrenzenden Plätze direkten Zugang haben. Weniger lebhaft als auf den Abschnitten an der Uferpromenade geht es an der *Plage Marestang* beim Étang de Canet zu.

RUND UM CANET-EN-ROUSSILLON

30 ST-CYPRIEN-PLAGE

10 km/12 Min. von Canet-en-Roussillon (Auto)

Der Retorten-Badeort mit breitem Sandstrand und großem Wassersportangebot birgt mit den *Collections de St-Cyprien (Juli/Aug. tgl. 10–12 und 15–19, Sept.–Juni Mi–Mo 14–18 Uhr |*

Wo bitte geht's denn hier zum Strand? Sandparadies in Canet-en-Roussillon

4, rue Emile Zola | 4 Euro | collections desaintcyprien.com) ein tolles Museum für aktuelle Kunst. Der *Jardin des Plantes des Capellans (Sommer tgl. 14–19, sonst Di–So 14–17 Uhr | Eintritt frei)* ist eine grüne Oase der Ruhe. *tourisme-saint-cyprien.com* | 1,5 Std. | D10

31 PORT-BARCARÈS

12 km/15 Min. von Canet-en-Roussillon (Auto)

Frankreichs größtes Elektrofestival, *Electrobeach (electrobeach.com),* hat den Badeort zum Hotspot der Szene gemacht. Seine Ferien- und Appartementhäuser sind kreisförmig um den Yachthafen mit seinen 800 Ankerplätzen angelegt. Die Hauptattraktion des Orts heißt *Lydia (Juli/Aug. tgl, sonst Sa/So ab 23 Uhr | avenue de la Grande Plage),* ein mit Absicht auf Sand gesetzter, ausgemusterter Dampfer mit Spielkasino und Disko.

Geschützt und deshalb recht ursprünglich und natürlich ist der südlich der Mündung des Flusses Agly gelegene *Strand von Torreilles-Plage,* ein 4 km langes Sandband. D10

32 LEUCATE-PLAGE

24 km/30 Min. von Canet-en-Roussillon (Auto)

Wer geballtes Strandvergnügen sucht und Rummel nicht scheut, ist in Leucate richtig. Neben dem alten Dorf ist in den 1960er-Jahren ein Badeort aus dem Boden gestampft worden mit Appartementhäusern, Snackbars, riesigen Parkplätzen und einem großen Freizeithafen mit 1000 Liegeplätzen. Wassersport wird an den Stränden großgeschrieben. D9

33 LA FRANQUI

33 km/33 Min. von Canet-en-Roussillon (Auto)

La Franqui ist der älteste Badeort des Languedoc und beliebter Treffpunkt von Surfern und Kitesurfern. Im April tragen hier die Champions auf ihren Brettern die Weltmeisterschaft *Mondial du Vent (mondialduvent.fr)* aus. Juwel unter den Stränden ist die ursprüngliche, 8 km lange *Plage des Coussoules*, die unter Naturschutz steht – daher fehlt jegliche Infrastruktur. Dies macht der Naturstrand aber mit herrlich wilden Stellen wett, Treibsand und Minidünen inklusive. Hin kommst du vom Parking des Coussoules-Basses.

Wie Meersalz gewonnen wird, erlebst du wenige Kilometer nördlich bei Kutschfahrten durch die *Salin de la Palme (Mitte Juli–Ende Aug. Sa/So 11.30, 14.30, 15.30, 16.30, 17.30 | La Pacheyrasso | 17,50 Euro | salindelapalme.com).* D9

ARGELÈS-PLAGE

(D10) Argelès hat zwei Gesichter: Da ist der alte Ort Argelès-sur-Mer (9000 Ew.) mit typisch katalanischen Häusern in engen Gassen und, jenseits eines 2,5 km breiten Streifens von Obstplantagen, der moderne ★ Badeort mit 7 km Sandstrand, der im Süden in die felsige Côte de Vermeille mit lauschigen Buchten übergeht.

Argelès ist der südlichste Ort der ewig langen Sandstrände, die sich von Le-Grau-du-Roi bis fast zur spanischen Grenze ziehen. In der Hochsaison herrscht hier viel Betrieb, allein Argelès verfügt über 48 Campingplätze.

SIGHTSEEING

CASA DE LES ALBÈRES

Les Albères bilden den östlichsten Gebirgszug der Pyrenäen. Das Heimatmuseum stellt die Grenzberge zu Spanien vor mit Handwerk, Weinbau und Folklore. Am Museum beginnen *Führungen (4 Euro)*, die du beim Verkehrsamt buchen kannst. *Juni–Sept. Di–Fr 10–18, Sa/So 10–13 und 14–18, Okt.–Mai Di–Sa 10–12 und 14–17 Uhr | 4, place des Castellans | Argelès-sur-Mer | 4 Euro | 30 Min.*

ESSEN & TRINKEN

L'AMADEUS

Ob man im stilvollen Saal oder draußen im schattigen Patio sitzt – ein dickes Lob für die leckeren Fischgerichte, Meeresfrüchte und katalanischen Spezialitäten! Bring Zeit mit – der Service ist mitunter nicht der schnellste... *Okt.–Mai Mi geschl. | avenue des Platanes | Tel. 04 68 81 12 38 | €€–€€€*

SHOPPEN

MÄRKTE

Im Juli/Aug. täglich auf dem boulevard de la Mer, außerdem Montag-, Mittwoch- und Freitagvormittag sowie täglich von 17 bis 24 Uhr Handwerksmarkt auf dem Parking des Platanes.

Wo Bischöfe im Schatten wandelten: der Kreuzgang der Kathedrale in Elne

SPORT & SPASS

ARGELES AVENTURE

Das ist Familienspaß! Im Freizeitpark gibt es Angebote für jedes Alter: Von Kicks an einer 30 m hohen, rasanten Zipline, diversen Kraxelparcours bis zu feuchtnassem Canyoning oder entspanntem Minigolf oder Bowling. *Juli/Aug. tgl. 11–22, April–Juni, Sept. 14–18 Uhr | 7, impasse Copernic | Einzeltickets für Attraktionen 4–11 Jahre ab 7 Euro, sonst ab 10 Euro | argeles-aventures.com*

SCHIFFSAUSFLÜGE

Spaß machen Angelpartien oder Ausflüge mit dem Schiff, etwa nach Collioure, Portbou oder Port de la Selva in Spanien. Eine fast zweistündige Rundfahrt mit dem Glasbodenboot kostet mit *Roussillon-Croisières (Tel. 04 68 45 41 08 | roussillon-croisieres.com)* 22 Euro, Törn nach Collioure 15 Euro.

STRÄNDE

In der Saison sind die tadellos gepflegten Strände *Plage Nord, Plage des Pins* und *Plage Sud* bewacht. Südlich des Hafens liegt die 3 km lange *Plage du Racou* mit kleinen Buchten, der letzte Sandstrand vor Spanien.

AUSGEHEN & FEIERN

Nach dem Tag am Strand geht's in die Diskotheken *Le Playa (allée des Pins)* und *Le Kiss (5, allée Jules Aroles)* oder – für Schwule und Lesben – ins *Potchic (Centre Commercial Costa Blanca)* am boulevard de la Mer. Ein *Luna Park (Juli/Aug. tgl. 20.30–1 Uhr | Espace de Loisirs Plage Nord)* lockt mit 25 Attraktionen.

RUND UM ARGELÈS-PLAGE

34 ELNE

12 km/20 Min. von Argelès-Plage (Auto)

Die große Sehenswürdigkeit des Städtchens (6200 Ew.) im Obstanbaugebiet ist die *Cathédrale Ste-Eulalie-et-Ste-Julie* mit ihrem Kreuzgang. Einst war Elne die Hauptstadt des Roussillon und rund 1000 Jahre lang, bis 1602, Bischofssitz. Das Innere der im 11. Jh. geweihten Kirche ist reich ausgestattet; zu den bedeutendsten Schätzen zählen ein geschnitzter Altaraufsatz aus dem 14. Jh., ein romanischer Altartisch aus Marmor und ein romanisches Taufbecken. *Mai–Sept. tgl. 10–12.30 und 14–18.30, Okt.–April bis 17 Uhr | 4,50 Euro |* *D10*

35 LES AIGLES DE VALMY

5 km/10 Min. von Argelès-Plage (Auto)

Zweimal täglich wird auf dem Château de Valmy das faszinierende Schauspiel frei fliegender Adler und anderer Raubvögel geboten. *Juli/Aug. tgl. 14–18, April–Juni, Sept.–Nov. Di–Do und So 14–17.30 Uhr, Vorführungen Juni–Aug. 14.30, April, Mai, Sept.–Nov. 15 Uhr | Château de Valmy | 11 Euro, Kinder 7 Euro | lesaiglesdevalmy.com |* *D10*

36 CÉRET

31 km/35 Min. von Argelès-Plage (Auto)

Das charmante Städtchen (7600 Ew.) trägt mit Stolz den Beinamen „Mekka des Kubismus". Zu Beginn des 20. Jhs. wurde es von den Künstlern entdeckt und geliebt, allen voran von Pablo Picasso, der viele Kollegen zum Kommen animierte: Georges Braque, Henri Matisse, Jean Cocteau, Marc Chagall, Raoul Dufy. Im ausgezeichneten *Musée d'Art Moderne (Mitte Juni–Mitte Sept. tgl. 10–19, sonst Mi–Mo 10–17.30 Uhr | 8 Euro | musee-ceret.com)* sind ihre Werke zu bewundern. Regelmäßig gibt es auch sehenswerte Ausstellungen zeitgenössischer Maler. Der Rundgang *Chemins Sublimés* zeigt im mittelalterlichen Zentrum 20 Reproduktionen von Gemälden, die Maler hier geschaffen haben. Sehenswert ist neben der *Kirche* mit einer herrlichen Orgel (regelmäßige Konzerte) das *Monument aux Morts (place de la Liberté),* für das Aristide Maillol eine trauernde Frau als Motiv für die Erinnerung an die Gefallenen wählte. Für zeitgenössische Kunst engagiert sich die *Galerie Odile Oms (Mitte Juli/Aug. tgl. 10.30–12.30 und 14–20, Juni/Juli, Sept.–Nov. Di–Sa 11–12.30 und 14–19 Uhr | 12, rue du Commerce | odileoms.com).*

Der *Vieux Pont,* auch *Pont du Diable* („Teufelsbrücke") genannt, stammt aus dem 14. Jh. – er hat einen einzigen Bogen von 45 m Spannweite. Kreative Küche serviert das Café-Restaurant *Le France (Nov.–Mai Mo-Abend und Di geschl. | 35, boulevard Maréchal Joffre | Tel. 04 68 87 11 27 | €)* auf der Terrasse. *D11*

37 AMÉLIE-LES-BAINS-PALALDA

39 km/45 Min. von Argelès-Plage (Auto)

Schon die Römer wussten die Schwefelquellen zu schätzen, und noch heute zieht der Ort (3500 Ew.) in der schönen Pyrenäenregion Vallespir vor allem Kurgäste an. Das gründlich renovierte *Kurzentrum (Hochsaison tgl., sonst Mo–Sa 7–16 Uhr | place du Maréchal Joffre | chainethermale.fr)* mit einem Schwimmbecken aus der Römerzeit wird von 63 Grad heißem, stark schwefelhaltigem Wasser gespeist. Es gibt Spezialangebote *(ab 59 Euro)* für Kurzzeitgäste, die auch für das zweite Kurzentrum am Ausgang der Mondony-Schlucht gelten. Amélie-les-Bains ist vom 19./20. Jh. geprägt, ins Mittelalter entführt dich das am anderen Ufer hoch über dem Flüsschen Tech gelegene Dorf *Palalda* mit stimmungsvollen, blumengeschmückten Gässchen. *amelie-les-bains.com | D11*

38 ARLES-SUR-TECH

42 km/50 Min. von Argelès-Plage (Auto)

Das Städtchen (2800 Ew.) entstand um die bedeutende, im 9. Jh. von Karl dem Großen gegründete *Benediktinerabtei Ste-Marie (Juli/Aug. tgl. 9–19, Sept.–Juni Mo–Sa 9–12 und 14–18, Uhr | 4 Euro)*. Der makellose, prächtige Kreuzgang vom Ende des 13. Jhs. ist der älteste seiner Art im Roussillon. Das Erbe der Textilindustrie und Design von heute vereint das Kunsthandwerkerzentrum *Le Moulin (rue du 14 Juillet)* in einer einstigen Weberei. Dort bilden die farbigen Fäden der Webstühle ein kunstvolles Labyrinth.

INSIDER-TIPP Fadenreich

Die großartige Bergwelt des Haut Vallespir ist ein ideales Wanderrevier. 2 km von Arles Richtung Le Tech zweigt ein Weg zu den sehenswerten *Gorges de la Fou (zzt. des Redaktionsschlusses nach einem Bergsturz vorübergehend geschlossen | gorgesdelafou.com)* ab. Das Flüsschen Fou hat hier eine bis zu 250 m tiefe, enge Schlucht (teilweise nur 1 m breit) von fast 2 km Länge gegraben. Ein anderer Ausflug führt auf einer schönen Bergstraße nach *Corsavy*, einem urigen Bergdörfchen mit den Resten einer romanischen Kirche und einem alten Wachtturm. *tourisme-haut-vallespir.com | C11*

39 PRATS-DE-MOLLO

61 km/1 Std. 15 Min. von Argelès-Plage (Auto)

Im hinteren Haut Vallespir mit seinen mehr als 20 ausgeschilderten Wanderwegen liegt nahe der spanischen Grenze dieser hübsche Bergort (1100 Ew.). Er besteht aus einer mittelalterlichen Ville Haute und der belebten Ville Basse mit schönen Villen aus Granit und der Kirche aus dem 13. Jh. Von dort führt ein rund 300 m langer Weg zu dem vom Festungsbaumeister Sébastien de Vauban errichteten Fort Lagarde (1692). Hunger? Die katalanische Küche im Hôtel-Restaurant *Bellevue (place du Foiral | Tel.*

04 68 39 72 48 | hotel-le-bellevue.fr | €-€€) ist ausgezeichnet. *C11*

COLLIOURE

(D10-11) **An der Küste des Languedoc-Roussillon gibt es kein schöneres ★ Städtchen (2700 Ew.).** Hier beginnt die Felsenküste, genannt Côte Vermeille (rote Küste). Beherrscht wird der malerisch in einer Bucht gelegene Fischerort, bis heute Hochburg der *anchois*-Verarbeitung, vom festungsartigen Château Royal. Berühmt machten Collioure ab 1905 Maler wie André Derain, Georges Braque, Henri Matisse u. a.: die *fauves,* die „Wilden".

Die farbenfrohe Altstadt von Collioure

SIGHTSEEING

CHÂTEAU ROYAL

Ganz schön wehrhaft ist die Sommerresidenz der mallorquinischen Könige (1276–1344), die im 17. Jh. ihre Bastionen erhielt und heute mit Kunstausstellungen und tollen Ausblicken auf Collioure lockt. *Juni–Sept. tgl. 10–18, Okt.–Mai 9–17 Uhr | 4 Euro | 1 Std.*

ÉGLISE NOTRE-DAME-DES-ANGES

Die Wehrkirche am Ende der Plage Boramar unterhalb der Altstadt fungiert als Wahrzeichen dank des originellen runden Turms, dem ursprünglichen Leuchtturm des alten Hafens, der nun als Glockenturm dient. Im Halbdunkel des Kirchenraums prunken neun reich mit Gold verzierte, geschnitzte Altarblätter. „Collioure en Couleurs" verwandelt die Fassade in ein Feuerwerk der Farben alljährlich im Dezember.

CHEMIN DU FAUVISME

Wo Henri Matisse und André Derain im Ort und an der Bucht ihre Staffeleien aufstellten, wurden 20 Reproduktionen ihrer Bilder angebracht. *Führungen Sommer tgl., sonst Di–So 9.30–12.30 und 14.30–18 Uhr | Tel. 04 68 98 07 16 | Start: Boutique Le Fauvisme, 10, rue de la Prud'homie | 7 Euro | 1,5 Std.*

VIEUX QUARTIER DU MOURÉ

Die steilen, engen Gassen der Altstadt haben mit ihren bunten Häusern und versteckten Gärtchen viel Flair. Die *rue Miradou* steigt zum Fort (17. Jh.) hinauf, das noch militärisch genutzt wird.

ESSEN & TRINKEN

LE 5ÈME PÉCHÉ

Katalanische Küche mit asiatischer Note, extrafrischem Fisch und knackigem Gemüse. Günstiges Mittagsmenü. *So/Mo geschl. | 18, rue de la Fraternité | Tel. 04 68 98 09 76 | le-cinquieme-peche.com | €€–€€€*

LA CUISINE COMPTOIR

Sehr große Auswahl an leckeren und preisgünstigen Tapas. Am besten schmeckt es auf der Terrasse im Schatten eines Feigenbaums. Du kannst die Gerichte auch mitnehmen und am Strand essen. *Nov.–April Di/Mi geschl. | 2, rue Colbert | Tel. 04 68 81 14 40 | Facebook: La cuisine comptoir | €€*

LE NEPTUNE

Der Feinschmeckertempel von Collioure! Besonders gut sind die Fischgerichte, die du auf einer Terrasse mit herrlichem Blick auf die Bucht genießen kannst. Unbedingt reservieren! *Juli–Sept. Di-Mittag und Mo, Okt.–Mai Di/Mi geschl. | route de Port-Vendres | Tel. 04 68 82 02 27 | le-neptune-collioure.com | €€€*

SHOPPEN

Auf der *place Général-Leclerc* ist mittwochs und sonntagvormittags großer Markt.

STRÄNDE

Es gibt mehrere kleine Strände und Badebuchten: im Ort *Plage Boramar* und *Plage St-Vincent,* auf der anderen Seite des Château Royal *Plage de Port d'Aval.*

AUSGEHEN & FEIERN

Für einen Plausch bei einem Cocktail oder einem Glas Wein eignet sich das *Petit Café (2, rue de la Prud'hommie)* oder die Bar des Hotels *Les Templiers.*

RUND UM COLLIOURE

40 BALCON DE MADELOC

10 km/35 Min. von Collioure (Auto)

Die schöne Bergstraße D 86 zwischen Collioure und Banyuls (20 km) führt durch eine karge Landschaft. Vorbei an der *Ermitage de Notre-Dame-de-Consolation* mit Exvotos (Weihegaben) von Seeleuten bringt sie dich zum Startpunkt einer kurzen Wanderung zur *Tour Madeloc,* einem Wachtturm mit atemberaubender Aussicht. *E 11*

41 BANYULS-SUR-MER

14 km/30 Min. von Collioure (Auto)

Das alte Küstenstädtchen (4600 Ew.) schmiegt sich an den breiten Sand-Kies-Badestrand der Anse du Fontaulé. Bekannt ist der schwere, süße Banyuls-Wein, große Kellereien liegen oberhalb des Orts an der D 86.

Wie soll man sich denn hier aufs Essen konzentrieren? Terrasse des Restaurants Le Neptune

Aus dem Rohstoff für weißen Banyuls stellen Nathalie und Edgar Lefort mitten in den Weinbergen in ihrer *Essigmanufaktur (La Guinelle | Hameau de Cosprons | Tel. 04 68 98 01 76 | levinaigre.com)* feinsten *vinaigre* her.

Zum *Biodiversarium (biodiversarium.fr)* des Forschungslabors Arago gehört neben dessen *Mittelmeergarten (Juli/Aug. nur mit Führungen Di, Mi, Do 9.30, April–Juni Mi 9.30 Uhr, freier Besuch Sa/So 14–18 Uhr | 6 Euro, Kombiticket 12 Euro)* auch ein Aquarium *(Juli/Aug. tgl. 10–18.30, Sept.–Juni Di–So 10–12.30 und 14–18.30 Uhr | 9,50 Euro, Kombiticket 12 Euro)* zum Artenreichtum des als *réserve naturelle marine* ausgewiesenen Küstenstreifens.

4 km südlich von Banyuls liegt das *Musée Maillol (Sommer Di–So 10–12 und 16–19, sonst 10–12 und 14–17 Uhr | vallée de la Roume | 5 Euro)* in einem Bauernhaus, wo der 1861 in Banyuls geborene Bildhauer Aristide Maillol ab 1910 lebte, arbeitete und beerdigt ist. *E11*

42 PAULILLES

12 km/20 Min. von Collioure (Auto)

Eine explosive Strandperle ist Paulilles, eine feinsandige Felsenbucht mit Strandlokal, Weingut und ehemaliger Dynamitfabrik von Nobel, die 1960 noch 20 t Sprengstoff am Tag produzierte. 1998 kaufte der Conservatoire du Littoral das 32 ha große Grundstück direkt am Meer mit seinen drei Stränden zwischen Port-Vendres und Banyuls-sur-Mer. Das Departement richtete am Meer eine Werkstatt für katalanische Boote ein, ein Museum zeichnet die Geschichte der Fabrik nach, und ein Bootshaus ist Ausgangspunkt für Schnorchelausflüge in der Schutzzone. *Le Grand Site de l'Anse de Paulilles | short.travel/lgr9 | E11*

CEVENNEN

WILDE WEITE

Keine 100 km Luftlinie sind es von den Hochhauspyramiden von La Grande-Motte zum 1565 m hohen Mont Aigoual. Dazwischen liegen Welten.

Während sich an den Mittelmeerstränden die Badegäste drängen, herrscht auf den Höhen der Cevennen schier grenzenlose Freiheit. Das Gebiet der wilden Schluchten, der Kalkhochflächen (Causses), Kastanienwälder und Grotten war schon immer ein Zufluchtsort für Andersgläubige, Aufständische und Aussteiger. Inzwischen hat sich

Im Nationalpark Cevennen liegen ungezähmte Landschaften

einiges geändert, wenn auch nicht die Landschaft. Der Wunsch nach Nachhaltigkeit und echten, authentischen Erlebnissen in der Natur hat die Cevennen zur In-Destination gemacht. Hier und da hinkt die Infrastruktur noch dem Boom etwas hinterher – meist durchaus charmant. Auf den Causses und in den Bergen kannst du noch stunden- oder sogar tagelang wandern, ohne einem Menschen zu begegnen. Sie triffst du beim Paddeln auf dem Tarn oder der Ardèche. Oder beim Cruisen auf der Panoramastraße Corniche des Cévennes.

CEVENNEN
Saint-Chély-d'Apcher
980
14 La Chaldette
806
13 Château de la Baume
La Colagne
900
12 Parc à Loups du Gévaudan
A75
11 Marvejols
N88
Mende
S. 107
901
N106
Le Lot
N88
OCCITANIE
100 km, 2 Std.
Mont Lozère 17
10 Causse de Sauveterre
Le Tarn
26 Sévérac-le-Château
Florac
S. 110
16
Gorges du Tarn
15 Causse Méjean
19 Aven Armand
Corniche des Cévennes
La Jonte
911
Gorges de la Jonte 20
21 Grotte de Dargilan
Meyrueis
S. 112
18
907
Causse Noir 22
Chaos de Montpellier-le-Vieux
Millau
S. 114
23 Mont Aigoual
58 km, 1 ¼ Std.
Viaduc de Millau
La Dourbie
Le Trévezel
A75
999
25 Roquefort-sur-Soulzon
27 Sur les Rails du Larzac
La Vis
La Couvertoirade 24
Grotte des Demoiselles
6

MARCO POLO HIGHLIGHTS

★ **BAMBOUSERAIE DE PRAFRANCE**
Hier wächst der Bambus bis zu 35 m hoch ➤ S. 104

★ **GROTTE DES DEMOISELLES**
Eine Kathedrale aus Stalagmiten und Stalaktiten ➤ S. 106

★ **GORGES DU TARN**
Vom Point Sublime aus präsentiert sich der Canyon von seiner besten Seite ➤ S. 110

★ **CORNICHE DES CÉVENNES**
Fahrspaß mit Ausblick auf der gut 50 km langen Höhenstraße bei Florac ➤ S. 112

★ **CHAOS DE MONTPELLIER-LE-VIEUX**
Das Felslabyrinth, in dem sich die Natur als Bildhauer betätigt hat, war lange Zeit ein gemiedener Ort und Quell vieler Legenden ➤ S. 114

★ **VIADUC DE MILLAU**
Eine der höchsten Autobahnbrücken der Welt führt als ungemein kühne Konstruktion bei Millau über den Tarn ➤ S. 115

★ **GORGES DE L'ARDÈCHE**
Spektakulärer Canyon. Für Wasserratten, Wanderer, Paddler und Fotografen, freu dich auf atemberaubende Eindrücke! ➤ S. 107

ALÈS

(MAP G5–6) **Die 41 000-Ew.-Stadt in einem Bogen des Flusses Gardon d'Alès verleugnet nicht ihre Vergangenheit als Zentrum für Kohlebergbau, Eisen- und Maschinenindustrie.**

Mehr und mehr putzt sie sich aber als Drehscheibe für Tourismus im Süden der Cevennen heraus.

SIGHTSEEING

ALTSTADT

Hast du dich durch den Gürtel von Gewerbe und modernen Wohnblöcken gekämpft, erwartet dich charmantes Kleinstadtflair mit Fußgängerzonen und Boulevards mit einladenden Straßencafés, in denen nicht nur bei der Feria an Himmelfahrt buntes Treiben herrscht. Jeden Vormittag herrscht in der *Markthalle* lebendiges Treiben.

INSIDER-TIPP
Süße der Cevennen

Für die Einheimischen ein Muss: die *Marktbar.* Mach's wie die Locals und bestell dir hier eine Cartagène, einen Likörwein. Hinter der Markthalle erhebt sich die *Cathédrale St-Jean* mit ihrem Glockenturm aus dem 15. Jh.

MUSÉE-BIBLIOTHÈQUE PIERRE-ANDRÉ BENOÎT

1986 schenkte Pierre-André Benoît (1921–1993), seines Zeichens Maler, Dichter, Bildhauer und Drucker, seiner Heimatstadt seine beeindruckende Kunstsammlung mit Werken von Georges Braque, Pablo Picasso, Joan Miró und anderen Künstlern. Gezeigt wird sie im Schloss der Bischöfe von Alès und dessen Park, in dem Werke des belgischen Künstlers Pierre Alechinsky stehen. *Tgl. 14–18, Juli/Aug. 11–18 Uhr | 52, montée des Lauriers | Ortsteil Rochebelle | Eintritt frei, Sonderschauen 5 Euro | ⏲ 1 Std.*

ESSEN & TRINKEN

LE DUÔ

Die beiden Brüder Michael und Guillaume Matouk betreiben das ambitionierte Restaurant, das im Sommer u. a. zartes Rinderfilet im Patio serviert. *So geschl. | 10, avenue Général de Gaulle | Tel. 04 66 52 38 53 | short.travel/lgr6 | €–€€*

AUSGEHEN & FEIERN

Das Theater *Le Cratère (Tel. 04 66 52 52 64 | lecratere.fr)* am Square Pablo Neruda zählt zu den wichtigsten Bühnen der Region.

RUND UM ALÈS

1 BAMBOUSERAIE DE PRAFRANCE ★

15 km/20 Min. von Alès (Auto)

200 Bambusarten neben riesigen Sequoias, Palmen, Magnolien und Ahornbäumen wachsen im schönsten Park der Cevennen. Der Kaufmann und Asienreisende Eugène Mazel brachte 1855 die ersten Pflanzen für

Mikado-Kunst mit Bambusbäumen: der Hain von Prafrance

den 12 ha großen Hain. Heute kannst du hier majestätische Alleen, Gewächshäuser, einen japanischen Garten, ein laotisches Hüttendorf, ein Pflanzenlabyrinth und Land-Art sehen, die lokale Künstler für den Bambuspark gestaltet haben. *März–Sept. tgl. 9.30–19, Okt. bis 18., Nov. bis 17 Uhr | ab 8,90 Euro | bambouseraie.net | 2 Std. |* G6

2 ANDUZE

16 km/25 Min. von Alès (Auto)

Die Häuser des charmanten Städtchens (3000 Ew.) drängen sich im Tal des Gardon bei einer Klamm, der *Porte des Cévennes,* aneinander. Was für eine Lage, dachte sich auch 1622 der Anführer der Protestanten, der Duc de Rohan, und befestigte Anduze als neues Hauptquartier. Könige, Klerus und Gartenfreunde lieben die prunkvollen glasierten Vasen von Anduze, die *Boisset (Mo–Sa 9–12 und 14–18, So 14–18 Uhr | Route de Saint-Jean-de-Gard | poterie-anduze.fr)* seit 400 Jahren herstellt. Beste Bioküche kannst du im Restaurant *Saveurs du Sud (27, rue Basse | Tel. 06 75 83 50 92 | saveur-du-sud.fr | €€)* genießen. Und danach – geh wandern! Die Aussicht vom *Rocher de Peyremale* ist grandios – in 2,5 Std. kommst du ab Anduze hin und zurück. F–G6

3 GROTTE DE TRABUC

18 km/30 Min. von Alès (Auto)

„Grotte aux 100 000 soldats": Auch so wird die mit ihren 12 km unterirdischen Galerien größte Grotte der Cevennen genannt. Die „Soldaten" sind dicht an dicht stehende, nur wenige Zentimeter hohe Stalagmiten beiderseits einer Formation, die man als „Chinesische Mauer" aus Stein bezeichnet hat. Wie dieses Unikum ent-

Bloß nicht verpasssen: Der Markt von Uzès ist Shopping und Schauen in Reinkultur

standen ist? Da rätselt die Wissenschaft noch. Sehr selten sind auch die Kristalle schwarzer Aragoniten. *Juli/Aug. tgl. 10–18.30, März–Juni, Sept.–Nov. 9.30–12 und 14–18 Uhr | 11,60 Euro | grotte-de-trabuc.com | F5–6*

4 MUSÉE DU DÉSERT

18 km/30 Min. von Alès (Auto)

Wie setzten sich die hugenottischen Bauern in den Cevennen der Zwangkatholisierung durch Ludwig XIV. entgegen? Den Glaubenskampf der Kamisarden blättert in Mialet dieses sehenswerte Museum auf. Benannt ist es nach den von den Unterdrückten als „Wüste" empfundenen Jahren des Cevennenkriegs (1702–1705). *Juli/Aug. tgl. 9.30–18.30, März–Juni, Sept.–Nov. 9.30–12 und 14–18 Uhr | Le Mas Soubeyran | Mialet | 6 Euro | museedudesert.com | F6*

5 ST-JEAN-DU-GARD

30 km/45 Min. von Alès (Auto)

Am Endpunkt der Corniche des Cévennes liegt das schon südlich wirkende Städtchen (2400 Ew.). Die Maison Rouge als *Musée des Vallées Cévenoles (Juli/Aug. tgl. 10–18, April, Mai, Sept./Okt. tgl. 10–12.30 und 13.30–18, Nov.–März Mi–So 14–17.30 Uhr | 5, rue de l'Industrie | 8 Euro | maisonrouge-musee.fr | 1 Std.)* berichtet anschaulich über Alltag und Traditionen der Cevennenbewohner. *F6*

6 GROTTE DES DEMOISELLES ★

60 km/1 Std. von Alès (Auto)

Ein Stalagmit, der aussieht wie eine Madonna mit Kind, gab der Grotte ihren Namen. Mit einer offenen Standseilbahn geht's hinab in die 1770 entdeckte Karsthöhle, wo du in der beeindruckenden unterirdischen Kathedrale von 150 m Länge, 80 m

Breite und 50 m Höhe auch den *buffet d'orgues* (Orgelprospekt) bewundern kannst. *Juli/Aug. tgl. 10–18, April–Juni, Sept. 10–17, Okt.–März 10–12 und 14–17 Uhr | 12 Euro | demoiselles.fr* | ⏱ *1 Std.* | *F6*

7 UZÈS

32 km/40 Min. von Alès (Auto)

An die Stelle der Stadtmauer sind breite Boulevards getreten, doch sind die überquert, ist zu sehen: Dahinter hat sich das Städtchen (8200 Ew.) mit seiner reizvollen Altstadt seine Schönheit bewahrt. In den alten Gassen ist Mittelalterflair zu spüren, ebenso wie am von Arkaden gesäumten Platz – Mittwoch- und Samstagmorgen Bühne für einen filmreifen Markt – an der markanten Tour Fénestrelle und dem herzoglichen Schloss. Uzès war Frankreichs erstes Fürstentum, und dies lässt sich die adlige Familie Crussol d'Uzès beim Besuch ihres *Palasts (tgl. 10–12 und 14–18 Uhr | 20 Euro | uzes.com)* fürstlich entlohnen.

Ins Reich der Gummibärchen und Naschklassiker entführt 4 km südlich der Altstadt das *Musée du Bonbon Haribo (Di–So 10–13 und 14–18, Juli/Aug. tgl. 9.30–19 Uhr | Pont-Charrettes | 7,50 Euro, Kinder (5–15 J.) 6,50 Euro | museeharibo.fr)* – du darfst reichlich probieren!

Was Uzès und Umland noch bereithalten, zeigt dir Florian Stoll *(Tel. 601755928 | ailleurs-et-uzes.fr)*.

INSIDER-TIPP **Auf Tour mit einer Ente**

Steig zu ihm in den Autoklassiker der Franzosen und entdecke im 2CV Stadt und Region! *G6*

8 LUSSAN

30 km/40 Min. von Alès (Auto)

Eines der schönsten befestigten Felsendörfer im Departement Gard drängt sich mit seinen alten Häusern auf einem Hügel, seit dem 16. Jh. überragt von einem Schloss. Von Ostern bis Oktober kannst du dich auf der Terrasse des *Bistrot de Lussan (tgl. | place Jules Ferry | Tel. 0466728501 | €–€€)* mit regionalen Spezialitäten stärken.

Bei den *Concluses de Lussan* 5 km nördlich rücken die Felswände bis auf wenige Meter zusammen.

INSIDER-TIPP **Für Wasserscheue**

Wander im Sommer durch die Schlucht – dann ist der Aiguillon ausgetrocknet. *G5*

9 GORGES DE L'ARDÈCHE ★

50 km/1 Std. von Alès (Auto)

Die Schlucht der Ardèche zählt zu den besonders imposanten Canyons Frankreichs. Spektakuläre Ausblicke gewährt die 29 km lange Panoramaroute *Haute Corniche* zwischen Vallon-Pont-d'Arc und Pont-St-Esprit. Im Sommer tummeln sich hier Scharen von Badenden und Paddlern, die den Fluss in Kajaks und Kanus befahren – überall findest du Verleiher. Die Ardèche entspringt in 1467 m Höhe im Massif Central und mündet nach 119 km bei Orange in die Rhône. *G–H5*

MENDE

(E4) **Die sympathische Hauptstadt (13 000 Ew.) der Lozère liegt so weit abseits der Touristenströme,**

Sieht eigentlich gar nicht so groß und böse aus: Wolf im Parc à Loups du Gévaudan

dass sie sich ihren Charme unverfälscht erhalten konnte: Alte Häuser mit Schieferdächern und Gassen mit Kopfsteinpflaster prägen das Stadtbild.

In der von Boulevards ringförmig eingeschlossenen mittelalterlichen Altstadt mit der stattlichen Kathedrale glaubt man sich in ein Landstädtchen des 19. Jhs. versetzt. Der Lot, der 30 km östlich in der Montagne du Goulet entspringt, fließt unter dem alten Pont Notre-Dame hindurch; abrupt ragt dahinter die Felswand des Causse de Mende auf.

SIGHTSEEING

CATHÉDRALE NOTRE-DAME ET ST-PRIVAT

Papst Urban V. – seine Statue steht vor dem Westwerk – beauftragte im 14. Jh. den Bau der imposanten Bischofskirche. Sechs Jahrhunderte später markiert sie den Wendepunkt eines berühmten Deutschen: Alfred Döblin, der Autor von „Berlin-Alexanderplatz“, war vor den Nazis nach Mende geflohen. Der Jude erlebte in der Kathedrale sein Bekehrungserlebnis, konvertierte kurz darauf zum Katholizismus und verarbeitete diesen Moment in seinem Werk „Schicksalsreise“.

Eine Besonderheit des Gotteshauses sind nicht nur die beiden sehr unterschiedlichen Glockentürme – der nördliche ist ein 84 m hohes Prachtstück im Flamboyantstil, der südliche fiel wegen Geldmangels niedriger (65 m) und schlichter aus. Die Turmuhr wird immer noch per Hand aufgezogen. Da dies fast eine Stunde dauert, geht die Uhr immer ein paar Minuten nach.

MONT MIMAT

INSIDER-TIPP
Schönster Stadt-Blick

St-Privat gewidmet ist eine Eremitage, die sich auf dem Mont Mimat erhebt. Wandere hinauf (50 Min.) und spotte vom 1067 m hohen Gipfel die Sights der Stadt – eine Orientierungstafel hilft dir dabei.

ESSEN & TRINKEN

LA CANTINE

Täglich frische Bioküche mit Produkten lokaler Erzeuger gibt's im trendig-gemütlichen Terrassenlokal. *Mo geschl. | 25, rue du Collège | Tel. 04 66 32 68 12 | restaurant-la-cantine.fr | €€*

RUND UM MENDE

10 CAUSSE DE SAUVETERRE

40 km/1 Std. von Mende (Auto)

Unter den Grands Causses ist diese südwestlich von Mende gelegene Kalkhochfläche die landschaftlich abwechslungsreichste. Auch hier ist der Horizont endlos weit, aber im westlichen Teil wird die steppenartige Landschaft hügeliger und grüner. *E5*

11 MARVEJOLS

27 km/35 Min. von Mende (Auto)

Hinter den Wehrtoren (14. Jh.) des im hübschen Tal der Colagne gelegenen Städtchens leben 5000 Menschen. Deinen Spaziergang durch die Altstadt beginnst du am besten bei der *Porte du Soubeyran* am gleichnamigen Platz, wo auch das Office du Tourisme liegt. Auf dem boulevard Révérend-Père-de-Jabrun kommst du zur Kirche *Notre-Dame-de-la-Carce* aus dem 17. Jh. Südlich davon liegt die *Porte de Chanelles.* *E4*

12 PARC À LOUPS DU GÉVAUDAN

40 km/45 Min. von Mende (Auto)

Rund 120 Wölfe aus Europa, Kanada und der Mongolei leben in einem großen Freigehege im 1100 m hoch gelegenen Waldgebiet von Gévaudan. Nimm an einer Führung teil, um die Wölfe noch besser zu Gesicht zu bekommen. *Juli/Aug. tgl. 10–19.30, April–Juni, Sept. 10–17.30 Uhr | 12 Euro, Nachtführung (zu bestimmten Terminen) 18 Euro | loupsdugevaudan.com | E4*

13 CHÂTEAU DE LA BAUME

44 km/45 Min. von Mende (Auto)

Das an der D 73 gelegene Schloss von 1630 wird wegen seiner prächtigen Innenausstattung auch als Versailles du Gévaudan bezeichnet. *Juli/Aug. tgl. 10–12 und 14–18 Uhr, Sept.–Juni nach Anmeldung | 7 Euro | Tel. 04 66 32 51 59 | chateaudelabaume.org | E4*

14 LA CHALDETTE

65 km/70 Min. von Mende (Auto)

Aus Holz und Glas hat der Architekt Jean-Michel Wilmotte 1994 in Brion am Ufer des Bès auf 1000 m Höhe ein modernes Thermalbad entworfen – und damit statt des Kurstatus einen

Kultstatus erreicht und das Baden im heißen Wasser hip gemacht. Tagesbesucher zahlen werktags 26 Euro, am Wochenende 30 Euro für einen halben Tag. *Tel. 04 66 31 68 00 | lachaldette.com | €€–€€€ | D4*

FLORAC

(F5) **Wo der Causse Méjean zum Flüsschen Tarnon abbricht, hat sich Florac als „Tor zu den Causses" zum Geheimtipp für Wanderer gemausert, die hier zu ihren Touren starten.**

Das Städtchen (2100 Ew.) in der Lozère mit engen Gassen voller Charme, Platanenalleen und schattigen Plätzchen ist durchaus erlebenswert. Das zeigt sich besonders am Donnerstag, wenn lokale Produzenten und Händler die besten Erzeugnisse der Region beim *Markt* auf der place de la Mairie anbieten.

ESSEN & TRINKEN

FERME DE LA BORIE

Ein Musterbeispiel für Häuser, die sich zum „Accueil Paysan" zusammengeschlossen haben: Mireille Lenoir und Jean-Christophe Barthes öffnen ihren Biobauernhof mit 120 Ziegen, 30 Schweinen, 10 Kühen und 20 Bienenkörben auf 800 m Höhe im Weiler La Borie für Gäste. Zum Abendessen werden Produkte des Hofs serviert. *5 Zi., 1 Ferienwohnung | La-Salle-Prunet | Tel. 04 66 45 10 90 | gite-et-chambre-a-la-ferme-en-cevennes.com | €*

RUND UM FLORAC

15 CAUSSE MÉJEAN

45 km/55 Min. von Florac bis Les Vignes (Auto)

Westlich direkt aus Florac heraus erklettert die D 16 das Hochplateau des Causse Méjean. Die Straße ist schmal und schwierig zu befahren, aber auf der Hochfläche öffnet sich die überwältigende Weite des fast baum- und strauchlosen Causse. 1000 m über dem Meer ist es im Sommer sengend heiß, im Winter sehr kalt und schneereich. Die D 16 führt quer über diese Hochfläche bis hinunter zu den Gorges du Tarn, in die sie sich ab Les Vignes schlängelt. Schneller zur Schlucht kommst du, wenn du von der D 16 auf die D 43 nach La Malène (s. S. 111) abbiegst, wo Bootsfahrten starten.

Im Süden, im Weiler Hures-la-Parade, verrät das *Écomusée Ferme Caussenarde (Juli/Aug. tgl. 11–19, April–Juni, Sept. 12.30–18 Uhr | Hyelzas | 6,50 Euro | ferme-caussenarde.com)* wie Schäfer und Landwirte auf dem Causse lebten. Der Bauernhof ist so eingerichtet wie er bis 1950 in Betrieb war. Ein Glanzlicht ist die Tropfsteinhöhle *Aven Armand* (s. S. 113) gleich in der Nachbarschaft. *E–F5*

16 GORGES DU TARN ★

33 km/45 Min. von Florac nach La Malène (Auto)

500 m hohe Felsen, Grate, Spalten und Klippen: Die Gorges du Tarn zwischen Florac und Millau gehören zu den gro-

ßen Naturwundern Frankreichs. Tief hat sich der Fluss in den weichen Kalkstein gegraben und phantastische Formen aus dem Fels modelliert. Eine Straße windet sich am Tarn entlang, eng an der steilen Felswand, häufig durch Tunnel und unter Felsbögen hindurch. Zu den verwitterten Häusern mit Schindeldächern am anderen Ufer gelangst du nur mit flachen Booten.

Die Gorges beginnen bei *Ispagnac* 11 km nördlich von Florac. Das Städtchen *Ste-Enimie* hat seinen Namen der Legende nach von einer schönen Prinzessin, die Heilung von der Lepra in der *Source de la Burle* fand und westlich des Ortes eine *Kapelle* in der Grotte bauen ließ, in einer halben Stunde kommst du zu Fuß dorthin. Der wohl schönste Abschnitt der Gorges liegt zwischen La Malène und Les Vignes: der *Cirque des Baumes,* eine Flussschleife, die du am besten vom *Point Sublime* aus bewundern kannst (Anfahrt von Les Vignes).

In *La Malène* starten *Kahnfahrten (Les Bateliers des Gorges du Tarn | 1 Std., 22 Euro pro Person, Rückfahrt mit Kleinbus | gorgesdutarn.com)* durch den wunderschönen 8 km langen Abschnitt. Im Ort mit seinen alten Häusern und Gassen residiert in einem Schlösschen aus dem 15. Jh. heute das Hotelrestaurant *Manoir de Montesquiou (tgl. | Tel. 04 66 48 51 12 | manoir-montesquiou.com | €€–€€€).* E5

17 MONT LOZÈRE

35 km/1 Std. von Florac (Auto)

Von Le Pont-de-Montvert führt die D 20 hinauf zum *Col de Finiels* (1541 m) und auf das weit gestreckte,

Wie beeindruckend der Tarn modelliert hat, ist vom Kajak aus noch besser zu bestaunen

Kunterbunte Unterwelt: prachtvoll inszenierte Tropfsteine im Aven Armand

35 km breite Granitmassiv. Höchster Punkt ist der *Sommet des Finiels* (1699 m). Der Mont Lozère ist ein ideales Wandergebiet mit zahlreichen markierten Pfaden aller Schwierigkeitsgrade (s. Erlebnistour S. 119). *F4–5*

18 CORNICHE DES CÉVENNES ★

42 km/45 Min. von Florac zum Col de St-Pierre (Auto)

Ein absolutes Muss: Auf den 53 km von Florac nach St-Jean-du-Gard erlebst du die landschaftliche Vielfalt der Cevennen. Die Höhenstraße wurde zu Beginn des 18. Jhs. auf Befehl Ludwigs XIV. angelegt, um seinen Truppen Zugang zum Gebiet der aufständischen Kamisarden zu ermöglichen. Wer vor 200 Mio. Jahren im ersten Ort auf der Strecke, *St-Laurent-de-Trèves,* lebte, verraten fossile Fußabdrücke von Sauriern. Wenn die Sonne morgens und abends niedriger steht, kannst du die Spuren am besten sehen.

INSIDER-TIPP
Auf den Spuren der Dinos

Die Straße führt hoch nach *L'Hospitalet* (992 m). Hier beginnen die kargen, versteppten Höhen. 3 km weiter kommt der *Col des Faïsses* (1026 m). Halte kurz und genieße die Ausblicke auf den Mont Lozère im Norden und den Mont Aigoual im Süden. Beim Dorf Le Pompidou verläuft die Trennlinie zwischen Kalkstein und Schiefer, die Höhenstraße führt durch Kastanienwälder. Nach dem hübschen Dörfchen *St-Roman-de-Tousque* folgen zwei weitere aussichtsreiche Pässe: erst der *Col d'Exil* (705 m), dann der *Col de St-Pierre* (597 m). *F5–6*

MEYRUEIS

(E5) **Das mittelalterliche, kleine Städtchen (900 Ew.) ist dank seiner**

Lage in 706 m Höhe im Tal der Jonte, in die hier die Gebirgsbäche Brèze und Béthuzon münden, der ideale Ausgangspunkt für Ausflüge auf den Causse Noir und den Causse Méjean oder in das grüne Massiv des Mont Aigoual.
Wandern, Kajakfahren und Mountainbiken sind hier angesagt. Doch als Erstes gehst du am besten hinauf zur *Chapelle de Notre-Dame-du-Rocher* und genießt den Ausblick über den Drei-Flüsse-Ort!

ESSEN & TRINKEN

FAMILY

Mitten im Ort betreibt die Familie Julien in der vierten Generation das Hotelrestaurant, das auf der Terrasse über dem Béthuzon typische Gerichte der Region wie Kutteln mit Aligot serviert – natürlich kommen die Spezialitäten aus eigener Produktion. *Tgl. | 4, quai de la Barrière | Tel. 04 66 45 60 02 | hotel-family-meyrueis.com | €*

RUND UM MEYRUEIS

19 AVEN ARMAND

11 km/15 Min. von Meyrueis (Auto)

Den Aven Armand hat vor Urzeiten ein unterirdischer Fluss ausgewaschen. Mit der Zahnradbahn fährst du ins 45 m hohe, 100 m lange und 60 m breite Herz der Tropfsteinhöhle – zum *fôret vierge*, einem steinernen Wald von rund 400 Stalagmiten. Einige der „Bäume" sind bis zu 25 m hoch. Eine farbige Beleuchtung setzt die Naturwunder raffiniert in Szene. Da die Schauhöhle sehr beliebt ist, kommt es in der Hochsaison zu längeren Wartezeiten! *Juli/Aug. tgl. 10–18, Mitte März–Mitte Juni, Sept.–Nov. tgl. 10–12 und 13.30–17 Uhr | Hyelzas | 12,50 Euro | aven-armand.com |* *E5*

20 GORGES DE LA JONTE

8 km/10 Min. von Meyrueis (Auto)

Viel weniger touristisch als die Gorges du Tarn, aber nicht minder schön, ist die Schlucht, die die Jonte tief in den Kalk gewaschen hat. 21 km misst der schönste Abschnitt zwischen Meyrueis und Le Rozier. Bei dem Weiler Le Truel windet sich rechts die *Corniche du Causse Méjean* auf die Hochfläche, eine landschaftlich schöne Strecke. Beim Ort St-Pierre-des-Tripiers kannst du vom *Belvédère des Vautours (Mai–Sept. tgl. 9.30–19, April–Okt. Di–So 10–18 Uhr | 6,80 Euro | vautours-lozere.com)* aus Gänsegeier beobachten, die hier in den 1980er-Jahren wieder angesiedelt wurden. Auch Schlangen- und Königsadler, Turm- und Wanderfalken jagen hoch am Himmel. *E5*

21 GROTTE DE DARGILAN

10 km/15 Min. von Meyrueis (Auto)

Nicht nur die größte Höhle der Cevennen, sondern sogar eine der größten Europas ist die Grotte, die 1888 erforscht und bereits kurz darauf zur Besichtigung freigegeben wurde. Auch die „rosa Höhle" hat ein unterirdischer Fluss gestaltet mit einer Reihe großartiger Säle und Galerien – ihr größter ist 140 m lang, 50 m breit und 25 m hoch. Für eine besondere Magie sorgen LED-Spots, die auch den unterirdischen See beleuchten. *Juli/Aug. tgl. 10–18.30, April–Juni, Sept. 10–17.30, Okt. 10–16.30 Uhr | 12,50 Euro | grotte-dargilan.com | ▯ E5*

22 CAUSSE NOIR

13 km/20 Min. von Meyrueis (Auto)

Die Gorges de la Jonte und die Gorges de la Dourbie begrenzen den Causse, der seinen Namen von den dunklen Pinienwäldern hat. Eine Besonderheit sind die großartigen Felslabyrinthe wie der ★ *Chaos de Montpellier-le-Vieux* am Westrand. Der Regen hat hier aus dem Dolomitgestein eine regelrechte Festung gewaschen, die von den Einheimischen einst als „verfluchte Stadt" angesehen wurde. Entdecke die weitläufige *cité de pierres* zu Fuß, beim Klettern oder bequem mit dem kleinen Zug, dem *petit train*. *Juli/Aug. tgl. 9–19, Mitte März–Juni, Sept.–Mitte Nov. 9.30–17.30 Uhr | 7 Euro | lacitedepierres.com | ▯ E5*

23 MONT AIGOUAL

27 km/40 Min. von Meyrueis (Auto)

Der Aussichtsgipfel der Cevennen: Aus 1565 m Höhe reicht der Blick bei klarem Wetter bis zum Mittelmeer und zu den Alpen. Die 1887 errichtete *Wetterstation (Besichtigung tgl. 10–19 Uhr | aigoual.asso.fr)* , der letzten bemannten Wetterstation von Météo-France, steht hier oben an einem idealen Platz, denn das Massiv des Mont Aigoual bildet die Klimascheide zwischen ozeanischen und mediterranen Wettereinflüssen. Zahlreiche Rund- und Wanderwege erschließen die großartige Natur. Was neben Heidelbeeren, Zwergwacholder und Hainbuchen noch am Berg blüht und wächst, verrät der *Sentier des Botanistes* unterhalb des Gipfels. *▯ F5–6*

MILLAU

(▯ D–E6) **Millau (23 000 Ew.) ist Frankreichs Outdoor-Hauptstadt und Tor zum Naturpark der Grands Causses.**

Für Adrenalinkicks sorgen Klettersteige, Wildwasserfahrten auf Tarn und Dourbie, 400 km Radwege für Mountainbiker, 650 km Wanderwege sowie 1200 km Reitwege. Gleitschirm- und Drachenflieger starten am Pouncho d'Agast am östlichen Stadtrand.

Und alle Besucher bestaunen ein spektakuläres Bauwerk: das Viaduc de Millau – eine der höchsten und längsten Schrägseilbrücken der Welt. Seit 2004 überspannt sie in 343 m Höhe den Tarn.

Das Städtchen ist seit dem Mittelalter eine Hochburg für Lederverarbeitung *(megisserierichard.com)*. Seit 200 Jahren fertigen Manufakturen *(causse-gantier.com, atelierdugantier.fr)* allerfeinste Handschuhe für Haute-Couture-Häuser wie Chanel.

SIGHTSEEING

MUSÉE DE MILLAU

Dort, wo die Dourbie in den Tarn mündet, lag in der Römerzeit das Töpferzentrum La Graufesenque. Das Museum blättert auch diese weniger

Eine technische Meisterleistung voller Eleganz: Norman Fosters Viadukt von Millau

bekannte Geschichte von Millau auf – und zeigt Exponate des international bekannten Leder- und Handschuh-Handwerks der Stadt. *Juli/Aug. tgl. 10–12.30 und 14.30–19, Mai/Juni, Sept. tgl. 10–12 und 14–18, Okt.–April Mo–Sa 10–12 und 14–18 Uhr | Hôtel de Pégayrolles | place Foch | 5,50 Euro | ⏲ 1 Std.*

VIADUC DE MILLAU ★

400 Millionen Euro kostete die Mega-Brücke, die der britische Architekt Lord Norman Foster in leicht geschwungener, eleganter Linie entwarf. Mit 2460 m ruht sie in 290 bis 343 m Höhe auf sieben Pylonen und scheint doch zu schweben. Refinanziert wird der Bau über die Maut, die saison- und fahrzeugabhängig erhoben wird. Erleben kannst du das spektakuläre Bauwerk auf vielerlei Weise: von diversen Aussichtsplätzen rund um die Brücke, bei den Ausstellungen des Besucherzentrums *Viaduc Expo,* an dem auch die Führung *„Sentier des Explorateurs"* beginnt, bei einer Bootsfahrt zum Felsendorf *Peyrre* und zum höchsten Brückenpfeiler P2 mit *Les Bateliers du Viaduc (bateliersduviaduc.com),* beim Hubschrauberflug *(sport-decouverte.com)* oder bei einem ULM-Flug *(wingly.io).* Du kannst dich auch zum Brückenlauf *(course-eiffage-viaducdemillau.org)* anmelden.

ESSEN & TRINKEN

LES 3 CAUSSES

In einem Gewölbe aus dem 15. Jh. schmeckt die Regionalküche – im Winter am Kaminfeuer, im Sommer geschützt unter den Arkaden in der pittoresken Altstadt von Millau. *So-Abend und Mo geschl. | 7, place du*

Schimmelbildung, ja bitte: reifender Käse in einem Keller von Roquefort-sur-Soulzon

Maréchal Foch | Tel. 05 65 47 53 09 | Facebook | €–€€

RUND UM MILLAU

24 LA COUVERTOIRADE

40 km/45 Min. von Millau (Auto)

Komm außerhalb der Saison – dann erlebst du in dem auf dem Causse de Larzac gelegenen Wehrdorf (110 Ew.) des Templerordens aus dem 12. Jh. noch eine echte Zeitreise. Von Mai bis September lebt das zu den schönsten Frankreichs gehörende Dorf vom Tourismus: kein Bäcker, kein Lebensmittelgeschäft, aber viele Boutiquen in den alten Gassen. Autos sind tabu, vom Parkplatz geht es zu Fuß in das Dorf mit seiner *Wehrkirche* aus dem 14. Jh. und der intakten *Festungsmauer (3 Euro)* aus dem 15. Jh. mit der *Maison de La Scipione* mit Blick auf den Ort.

Frei zugänglich ist die Stadtmauer von *La Cavalerie (site-lacavalerie.fr)*, einem weiteren Wehrdorf des Templerordens auf halbem Weg zwischen Millau und La Couvertoirade an der Pforte zum Militärgelände Camp du Larzac. An der D 809 wurde die *Maison du Larzac (Juni–Sept. tgl., Okt.–Mai Sa/So 10–19.30 Uhr | Eintritt frei)* eingerichtet, die die Geschichte des Larzac in einer interessanten Ausstellung nachzeichnet und Produkte aus der Region anbietet. *E6*

25 ROQUEFORT-SUR-SOULZON

25 km/40 Min. von Millau (Auto)

Ein köstlicher Blauschimmelkäse machte das 700-Ew.-Dorf berühmt: der Roquefort, der hier seit Jahrhunderten ganz handwerklich aus der Milch der Lacaune-Schafe hergestellt wird – einer robusten Rasse aus dem etwas weiter nördlich gelegenen Lacaune-Massiv.

Alles über die Entstehungsgeschichte des Roquefort, der monatelang in feuchten Felsenkellern zur Vollendung reift, erfährst du beim Besuch einer der *caves*, die allesamt Führungen mit Kostprobe anbieten. Kostenlos macht dies der Global Player *Papillon (Sommer tgl. 9.30–18.30, sonst 9.30–11.30 und 13.30–17.30 Uhr | 8 bis, avenue de Lauras | visite-roquefort-papillon.com)*, aber schau dir auch die kleineren, familiengeführten Traditionskeller an! *D6*

26 SÉVÉRAC-LE-CHÂTEAU

37 km/50 Min. von Millau (Auto)

Mittelalter in XXL: Weithin sichtbar thront das 2500-Ew.-Städtchen mit seiner mittelalterlichen Burg auf einem 800 m hohen Hügel. Treppentürme und gewölbte Durchgänge, Fachwerk und Erker, Sprossenfenster und Stockrosen begleiten dich auf dem Weg zum Schloss, um dessen Ruine noch eine teilweise erhaltene Stadtmauer führt. Von oben bietet sich dir ein Blick weit über das Aveyrontal. Preiswert essen kannst du im familiären Hotelrestaurant *Des Causses (18 Zi. | Sommer Mo-Mittag, sonst So-Abend und Mo geschl. | 38, avenue Aristide Briand | Tel. 05 65 70 23 00 | hotel-causses.com | €-€€).* Koste hier regionale Spezialitäten wie die *flaune,* eine Art Käsekuchen, oder *pascade,* eine Omelettvariante, mit Lammbries! *D–E5*

27 SUR LES RAILS DU LARZAC

27 km/27 Min. bis Sainte-Eulalie-de-Cernon (Auto)

Hoch über dem Tal des Cernon verlaufen fünf verschiedene Ausflugsstrecken, die du mit der Draisine unternehmen kannst. Kinderleicht ist die Strecke „Les Orchidées", die 8 km lang mit leichtem Gefälle immer neue Paradeaussichten auf die Landschaft und das Templerstädtchen Sainte-Eulalie-de-Cernon eröffnet. Mehr Kondition dagegen erfordert die Rundroute „Les Papillons", für etwas Gänsehaut sorgen das große Viadukt und drei Tunnels auf der Strecke. Unbedingt reservieren! *Abfahrten April, Okt. 15 Uhr, Mai, Juni, Sept. 10–15, Juli/Aug. 9, 11.30, 14, 16.30, 19 Uhr | Bhf. Sainte-Eulalie-de-Cernon | ab 18 Euro, Kinder ab 6 Euro | Tel. 0565587210 | surlesrailsdularzac.com | D6*

DAS MONSTER DER CEVENNEN

Eine Fabelgestalt verbreitete im 18. Jh. Angst und Schrecken in den Cevennen: *la Bête du Gévaudan.* Das haarige, wolfsähnliche Ungeheuer spukt immer noch, heute auch im Dienst des Tourismus: als Plakat- und Postkartenillustration. Sicher ist, dass in der Gegend von Gévaudan zwischen 1764 und 1767 rund 50 Menschen ermordet wurden. Erst als der Bauer Jean Chastel im Juni 1767 mit geweihten Kugeln loszog – und einen Wolf erlegte –, hörte der Schrecken auf. Die Geschichte wurde mehrmals verfilmt. Sie hat z. B. Christophe Gans zu seinem Thriller „Pakt der Wölfe" (2001) inspiriert, einer sehr freien Interpretation der Legende. Regisseur Patrick Volson vermengt in „Die Bestie der alten Berge" (2003) überlieferte Tatsachen mit Aberglauben, der sich um den Wolfsmythos rankt. Hintergrund ist der Glaubenskrieg in Frankreich unter Ludwig XV.: Die überwiegend katholische Bevölkerung findet in einem vermeintlich hugenottischen Schmied einen willkommenen Sündenbock. Ein junger Arzt glaubt als Einziger an dessen Unschuld.

ERLEBNIS TOUREN

Lust, die Besonderheiten der Region zu entdecken? Dann sind die Erlebnistouren genau das Richtige für dich! Ganz einfach wird es mit der MARCO POLO Touren-App: Die Tour über den QR-Code aufs Smartphone laden – und auch offline die perfekte Orientierung haben.

1 RUND UM DEN MONT LOZÈRE

- Den spröden Charme des Cevennen-Nationalparks entdecken
- Höhenluft und Badestopps an Fluss und See
- Erleb am Mont Lozère echte französische Gastfreundschaft!

Start: Le Pont-de-Montvert
Ziel: Le Pont-de-Montvert

110 km

6 Tage, reine Gehzeit 27 Stunden

mittel

1100 m

Wanderausrüstung mitnehmen, am besten auch die Wanderkarte IGN Top 25 Nr. 2739 OT Mont Lozère – Florac (wechselnde Markierungen im Gelände)

VON WEILER ZU WEILER MIT PICKNICK AM FLUSS TARN

Catherine und Philippe Galzin waren in ❶ Le Pont-de-Montvert in den 1970er-Jahren Vorreiter für grünen Tourismus. Von ihrem Gästehaus Le Merlet *(lemerlet.com)* – in dem du idealerweise übernachtet und zum Abendessen frisches Gemüse aus dem Garten, Lammfleisch aus eigener Herstellung und Weine der Region genossen hast – startest du am frühen Morgen. *Zunächst geht es zur Pont du Tarn,* an der Brücke ist der Fluss noch ein harmloser Bach. *Am teilweise renovierten Weiler Bellecoste vorbei führt dich der Weg zum kleinen Museum im* ❷ Mas Camargues *(Juli/Aug. tgl. 10.30–12.30 und 14.30–18.30 Uhr | Eintritt frei | destination.cevennes-parcnational.fr) von Le-Pont-de-Montvert. Nach 2 km erreichst du den charmanten Weiler* ❸ L'Hôpital, wo vor Jahrhunderten der Malteserorden angesiedelt war. *Kurz vor dem Ortseingang* lockt eine wunderschöne Stelle zur Badepause im Tarn mit Picknick. *Sanft ansteigend wanderst du dann rund 1,5 Std. (7 km) zur modernen* ❹ Skistation am Col de Finiels (1541 m). Dort empfängt dich Jacqueline Galzin in der ❺ Maison Victoire *(Finiels | Tel. 04 66 45 84 36 | gites-mont-lozere.com/maison-*

Pont de Montvert

TAG 1

❶ Le Pont-de-Montvert

9 km

❷ Mas Camargues

2 km

❸ L'Hôpital

7 km

❹ Skistation am Col de Finiels

5 km

❺ Maison Victoire

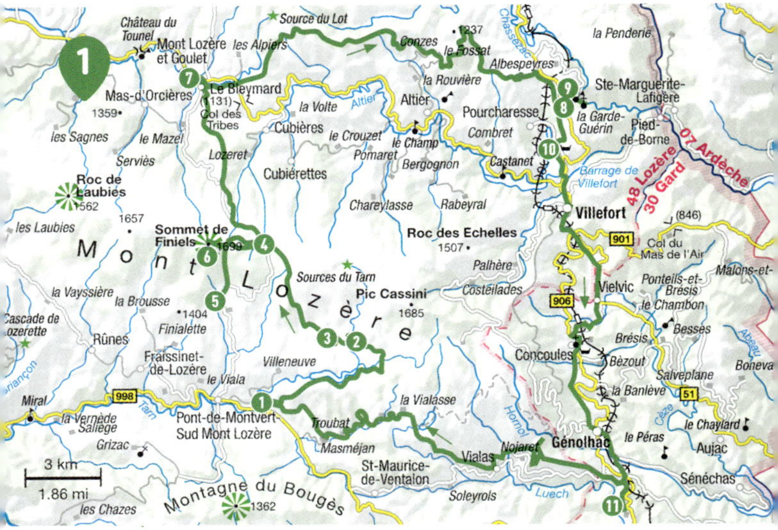

victoire | *€)*, wo du dich mit Gerichten aus authentischer Bergküche stärken kannst.

TAG 2

5 km

6 Finiels-Gipfel

11 km

7 Le Bleymard

11 km

WEITBLICK BIS IN DIE PROVENCE

Kult wie Tradition ist es, *von der Passhöhe aus zwei Stunden vor Tagesanbruch den Aufstieg zum* 6 **Finiels-Gipfel** (1699 m) zu starten, um dort den Sonnenaufgang zu erleben. Und beim Frühstück aus dem Rucksack den – bei gutem Wetter – Weitblick vom Mittelmeer bis zu den Alpen zu genießen. *Beim Abstieg auf der Nordseite* säumen zwei Meter hohe Grenzsteine aus der Zeit der Templer die *draille*, den Weg für den Viehauftrieb. *Nach rund 11 km erreichst du das Tal des Lot mit der Skistation* 7 **Le Bleymard**. Dort kannst du im **La Combette** *(Tel. 04 66 48 61 35* | *lacombette.com* | *€–€€)* nach einem *table d'hôte* mit Erzeugnissen der Region ganz ruhig schlummern (auch 4 Zi.).

TAG 3

28 km

8 La Garde-Guérin

NATURSTEINDORF, WEHRHAFT UND WUNDERSCHÖN!

Gut erholt für die anstehende lange Etappe *wanderst du am nächsten Morgen gen Osten die rund 28 km hin zu einem der schönsten Dörfer Frankreichs:* 8 **La Gar-**

de-Guérin, ein Natursteinidyll hinter einem Mauerring mit einem Dutzend Einwohnern. Von Ostern bis Oktober serviert dort die **Auberge Regordane** *(16 Zi. | Tel. 04 66 46 82 88 | regordane.com | €)* in einem Gebäude aus dem 16. Jh. französische Klassiker wie Foie Gras und Filet de Bœuf. Bevor du dort bei Philippe und Pierre Nogier auch übernachtest, spazier noch durch das befestigte Dorf mit seiner romanischen **Kirche** aus dem 12. Jh. und steig über enge Treppen auf den **Festungsturm** – die Aussicht auf das Dorf und die Gorges du Chassezac ist traumhaft!

TAG 4
1 km
⑨ Aussichtspfad
5 km
⑩ Lac de Villefort

TAG 5
18 km

AUF UND IM GLASKLAREN SEE

Heute, am vierten Tag, entdeckst du die spektakulären Schluchten auf einem geländergesicherten ⑨ **Aussichtspfad** *hoch über den Kletterrouten.* Bei klarem Himmel siehst du in der Ferne den Mont Ventoux in der Provence – und direkt unter dir die Kletterer. *Danach geht es nach Süden zum* ⑩ **Lac de Villefort,** einem zauberhaften Stausee auf 600 m Höhe, der zum Baden einlädt. Mit einem Boot des Ferienzentrums **Grandeur Nature** *(grandeurnature48.com) erkundest du den See vom Wasser aus* – spring auch mal hinein! *Direkt neben der Badestelle* findest du dein Quartier: das familiäre **Hôtel-Restaurant du Lac** *(10 Zi. | Route de Langogne | Tel. 04 66 46 81 20 | hotel-villefort.com | €)*, das auf der Sonnenterrasse regionale Traditionsküche mit Fisch und Fleisch aus Aubrac und Lozère serviert.

Am fünften Tag folgst du den Wegzeichen des Grande Randonnée (GR) 68 für 14 km und überwindest in fünf Stunden rund 400 Höhenmeter. Immer wieder eröffnen sich vom Weg weite Ausblicke auf die Westflanke des Mont Lozère. Deine letzte Nacht

Da geht's lang: auf dem GR 70 rund um den Mont Lozère

⑪ Gîte d'Etape
18 km
TAG 6
24 km
① Le Pont-de-Montvert

am Berg verbringst du im rustikalen ⑪ **Gîte d'Etape** *(short.travel/lgf17)* der Gemeinde Génolhac.

Zurück zum Startpunkt deiner Wanderung bringt dich am sechsten Tag erst der GR 68, dann ein Wanderweg mit gelber Markierung in acht Stunden (23 km). Unterwegs kommst du an der alten Hofstelle Ferme de l'Aubaret vorbei – mit Glück triffst du dort vielleicht den Schäfer, der dort seine Herde weidet, bevor du wieder ① **Le Pont-de-Montvert** erreichst.

② WEIN & MEER: MIT DEM RAD DURCH DIE PETITE CAMARGUE

- Die Weingärten der Costières de Nîmes
- Entspannt zu den Lagunenseen radeln
- Vorbei an einsamen Gehöften

Start: Vauvert	Ziel: Vauvert
50 km	1 Tag, reine Fahrzeit 3–3,5 Stunden
sehr leicht	250 m

Das ⑥ **Centre de Découverte de Scamandre** ist montags geschlossen.

① Vauvert
17 km

FEINSTEN BIOWEIN ENTDECKEN

Von ① **Vauvert** *aus, wo du beim Fahrradverleih* **Le Barjonaute** *(282, rue Carnot | Tel. 06 03 53 65 64 | lebarjonaute.com) dein Rad übernimmst, fährst du nach* **Beauvoisin** *(beauvoisin.fr) und dort in Richtung Générac. Bieg kurz vor dem Dorfzentrum auf die Route de Franquevaux (D 197) ab.* Die Weingärten der Costières de Nîmes begleiten dich. Am Horizont funkeln Lagunenseen in der Sonne. *Zur Linken liegt das Bioweingut Domaine de Bel Air la Côte (tgl. 10–12 u. 14–19 Uhr | Tel. 04 66 73 30 22 | camargue.fr/site/belairlacote)* mit seinen mehr als 40 Jahre alten Weinstöcken mit den Rebsorten Grenache, Carignan und Syrah, die wahrhaft sonnendurchglühte Weine liefern. Warte aber mit der Verkostung bis zum ❷ **Château Beaubois** *(route de Franquevaux | Franquevaux Beauvoisin | Tel. 04 66 73 30 59 | chateau-beaubois.com | €–€€)* von Fanny und François Boyer. Für ihre Bioweine haben die Geschwister bereits etliche Auszeichnungen erhalten. Besonders köstlich: der Rosé L' Expression.

PICKNICK AM KANAL

Knurrt der Magen? Besorg dir im denkmalgeschützten Dörfchen ❸ **Franquevaux** mit seiner mittelalterlichen **Abtei** gleich etwas Proviant: frisches Baguette, Salzbutter, Stierwurst aus der Camargue, Käse, Oliven, alte Tomatensorten ... so schmeckt die Camargue! Genieß die Köstlichkeiten bei einem Picknick wenige Hundert Meter nach dem Dorf am ❹ **Canal du Rhône à Sète**. Setz dich ins Gras und lass das Bild auf dich wirken: hinter dir die Weingärten, vor dir eine Kanalbrücke, dahinter Grasland – malerisch!

Du bist noch zu müde zum Weiterradeln? Eine kleine Auszeit im ❺ **Spa des Templiers** *(rue de l'Abbaye | ab 16 Euro | Tel. 04 66 88 02 95 | beaute-spa-templiers.com | €)* macht dich wieder fit.

STEIFZUG DURCH DIE LAGUNE

Gut erholt, radelst du gen Süden vorbei an Schilf auf kleinen Landwegen links (!) herum um den Étang du Scamandre hin zum ❻ **Centre de Découverte de Scamandre** *(Di–Sa 9–18 Uhr | route des Isles | Gallician | Eintritt frei | camarguegardoise.com)*, das Flora und Fauna der Petite Camargue vorstellt – und einlädt, sie *auf einem 4 km langen Rundweg und einem 1 km langen Stelzenweg durch die Lagune* hautnah zu entdecken. *Folge dann 5,5 km lang der D779, die mitten durch die*

❷ **Château Beaubois**

1,2 km

❸ **Franquevaux**

400 m

❹ **Canal du Rhône à Sète**

400 m

❺ **Spa des Templiers**

11 km

❻ **Centre de Découverte de Scamandre**

5 km

7 Gallician
2 km

8 Château Mas Neuf
14 km

1 Vauvert

Lagunenlandschaft führt: rechts der Étang du Crey, links der Étang du Charnier.

Überquere den Canal du Rhône à Sète und erkunde das Herz des ehemaligen Fischerdorfes **7 Gallician**, das heute fest in der Hand der Winzer und Hausbootkapitäne ist. Die Familie von Jean-Pierre Rambier keltert etwa im **Mas du Notaire** *(famillerambier.com)* tollen Wein. Ebenso das südlichste Weingut des Rhône-Tales, das direkt am Jakobsweg liegt: Die Reben des nahen **8 Château Mas Neuf** *(Verkostung Mo–Fr 9–12 u. 14–17 Uhr, Sa/So n. Voranmeldung | Tel. 04 66 73 33 23 | short.travel/lgr18 | €–€€)* wachsen im alten, steinigen Bett der Rhône – lauter rote Verführer.

Vorbei an der großen Salzpfanne der Salin de Vauvert bringt dich der **Chemin des Salines** *(D779) zurück nach* **1 Vauvert**. Quartier dich für die letzte Nacht in einem einstigen Camarguehof des 17. Jhs. ein: im **Mas Tolosan** *(mastolosan.com)*. Hier wartet außerdem ein erfrischender Sprung in den Pool.

Wo man lauschig Weine kostet: im Hof des Weinguts Mas du Notaire

3 KATHARERBURGEN, WEINBERGE UND EINSAME WEITEN

- Unterwegs auf dem abwechlsungsreichsten Teil des Sentier Cathare
- Vorbei an Weinbergen und Weingütern
- Zu den spektakulärsten Katharerburgen

Start: Cascastel
Ziel: Cascastel
Strecke: 57 km
Dauer: 3 Tage, reine Gehzeit ca. 15 Stunden
Schwierigkeit: mittel
Höhenmeter: 650 m

Informationen über den *Sentier Cathare* unter *short.travel/lgr19*, Markierung: rot-weiße Balken. Kartenmaterial: *randoeditions.glenatlivres.com;* Tipps und Broschüren: *corbieres-sauvages.com.* Weinprobe im **2 Château de Nouvelles** (Sa/So geschl.) nur nach Anmeldung; Rückfahrt (33 km) per Bus.

UMGEBEN VON REBEN

TAG 1
1 Cascastel
21 km
2 Château de Nouvelles
3 km

Starte deine Reise auf den Spuren der Katharer im 200-Seelen-Dorf **1 Cascastel** *6 km südwestlich von Durban-Corbières auf der* **Domaine Grand Guilhem** *(grandguilhem.fr),* wo du die vergangene Nacht verbracht und dein Auto für die nächsten Tage abgestellt hast. *Die ersten 6 km wanderst du mitten durch die Weinberge, bevor du das schmucke Dorf Embres-et-Castelmaure* *➤ S. 81* *erreichst.* Hier gedeihen an den Hängen des trockenen und kahlen Serre-Gebirges, zwischen Rosmarin, Thymian und Lavendel, Reben, aus denen die örtliche Kooperative *(castelmaure.com)* originelle Tropfen keltert.

Wein, Karsthügel und einsame Weite begleiten dich auch *die nächsten 15 km bis zum nächsten Weingut:* **2 Château de Nouvelles** *(Mo–Fr 8–11.45 und 14–17.45 Uhr | Tel. 04 68 45 40 03 | chateaudenouvelles.fr) in der Appellation Fitou. Von hier sind es noch 3 km zum*

❸ Château d'Aguilar
3 km
❹ Didier Trocquemé
3 km
❺ Gîte St-Roch

❸ **Château d'Aguilar** *(payscathare.org)*, das 1260 zur königlichen Festung inmitten der Weinberge wurde. Streife durch die Ruine, bevor du die Burg aus einer völlig anderen Perspektive erlebst – nämlich beim **Tandem-Gleitschirmflug** mit ❹ **Didier Trocquemé** *(März–Dez | 22, rue de la barricade | Tuchan | 75 Euro | Tel. 06 76 75 18 91 | parapentebiplace.fr)*. Die Nacht verbringst du direkt am Katharerweg bei Elisabeth Madaule im ❺ **Gîte St-Roch** *(gitesaintroch.fr)* in einer ehemaligen Schäferei. Auch zwei Jurten für je drei Personen laden dort zur Nacht!

INSIDER-TIPP
Übernachten wie Nomaden

TAG 2
11 km
❻ Padern
8 km

BERGTOUR ZU BERÜHMTEN SCHLÖSSERN

Wandere am nächsten Morgen hinunter ins Winzerdorf Tuchan, folge dann der rot-weißen Markierung und dem Lauf der Verdouble 11 km lang bis ❻ **Padern**. Kurz vor dem Ort liegt bei **Grau de Padern** eine wildromantische Stelle zum Wildbaden und Picknicken. Bis ins 20. Jh. wurden in den Minen von Padern Erze gefördert. Bis ins 11. Jh. zurück reichen die Wurzeln der gleichnamigen **Burgruine**, die du gratis besichtigen kannst. Die letzte Tagesetappe fordert Kondition: *8 km lang*

Im Gleitschirm sitzt man in der ersten Reihe: Adlerblick aufs Schloss Peyrepertuse

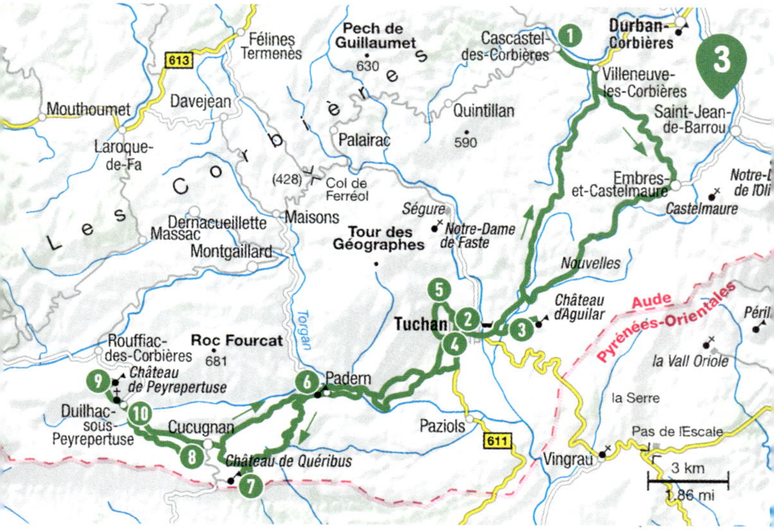

geht es nun durch lichten Wald und Wiesen stramm bergauf zum ❼ **Château de Quéribus ➤ S. 82**, das in 784 m Höhe schwindelerregend auf einem Karstgrad thront. Heutiges Tagesziel ist das wunderschöne Dorf ❽ **Cucugnan**, das Alponse Daudet in „Le Curé de Cucugnan" literarisch verewigt hat. Nicht minder berühmt ist Roland Feuillas, der uralte Getreidesorten anbaut, in seiner malerischen Feldsteinmühle **Les Maîtres de mon Moulin** *(Mo geschl. | 3, rue du Moulin | farinesdemeule.com | €)* mahlt und zu Bio-Brot, Gebäck und Nudeln verarbeitet – unbedingt kosten! Als Unterkunft empfiehlt sich **Les Santolines** *(les-santolines.fr)*.

Der nächste Tag beginnt mit dem letzten großen Aufstieg: Auch zur königlichen Festung ❾ **Château de Peyrepertuse ➤ S. 83** *geht es zunächst nur sanft, ab Duilhac-sous-Peyrepertuse steil bergauf. Dein Lohn für die fast 600 Höhenmeter:* ein mittelalterliches Juwel, groß wie keine andere Burg der Katharer. *Nach dem Abstieg* hast du dir ein leckeres Mittagessen in der ❿ **Auberge la Batteuse** *(Mi geschl. | 2, chemin de la Batteuse | Tel. 06 19 50 53 99 | €–€€)* verdient, *bevor es mit dem Bus 32 km zunächst bis Tuchan und dann bis* ❶ **Cascastel** *zurückgeht.*

❼ Château de Quéribus

3 km

❽ Cucugnan

TAG 3

7 km

❾ Château de Peyrepertuse

2 km

❿ Auberge la Batteuse

33 km

❶ Cascastel

GUT ZU WISSEN

DIE BASICS FÜR DEINEN URLAUB

ANKOMMEN

ANREISE

Die *Autoroute du Soleil* (A 7) über Lyon und Orange durchs Rhônetal ist die schnellste Verbindung, aber im Sommer chronisch überlastet. Parallel dazu verläuft die legendäre Route Nationale 7 – da sie mautfrei ist, ist auch sie in der Ferienzeit eine stauträchtige Strecke. Bei Orange biegt die A 9 *(La Languedocienne)* ins Languedoc ab. Die Autobahn verbindet Nîmes mit Montpellier, Béziers, Narbonne und führt als *La Catalane* über Perpignan nach Barcelona. Die D 6 ab Orange und N 106 ab Nîmes bringen dich in die Cevennen.

Von Paris aus kommst du ab Orléans und Vierzon über die A 20 über Limoges und Toulouse nach Carcassonne oder du nimmst die, mit Ausnahme des Viadukts von Millau, mautfreie, aussichtsreiche A 75 über Clermont-Ferrand nach Béziers. Die Maut französischer Autobahnen ist abhängig vom Alter und Zustand der Strecke, der Mautrechner *autoroutes.fr* ermittelt die Kosten.

Der reservierungspflichtige TGV *(train à grande vitesse)* Rhein-Rhône bringt Reisende täglich in rund sechs Stunden von Frankfurt nach Avignon, wo Anschluss besteht an den TGV nach Barcelona mit Halt in Nîmes, Montpellier, Narbonne und Perpignan. Gute Zugverbindungen bestehen auch von der Schweiz aus. Weiter ins Landesinnere geht es meist nicht mehr mit der Bahn, sondern mit Bussen der SNCF *(de.voyages-sncf.com)* oder regionaler Betreiber.

Der wichtigste Flughafen ist Montpellier, der von den großen Airlines, aber auch von Billigfliegern angesteuert wird. Der kleinere Flughafen Béziers wird nur von Ryanair direkt von Düs-

Der Canal du Midi bringt Bootsfahrer von Toulouse bis zum Mittelmeer

seldorf angeflogen; Nîmes und Carcassonne fliegt Ryanair via London an. Nah am Roussillon liegt auf spanischer Seite der Flughafen Girona, den Ryanair anfliegt.
Schnell und günstig bist du unterwegs mit den Fernbussen der SNCF-Tochter *Ouibus (oui.sncf/bus)* und mit *BlaBlaBus (de.blablabus.com/de)*. Von Deutschland aus starten u. a. *Eurolines (eurolines.de)* und *Flixbus (flixbus.de)* zu Zielen im Languedoc-Roussillon. Eine Fahrt von Berlin nach Montpellier dauert rund 26 Stunden und kostet 70 bis 100 Euro. Hilfreich bei der Reiseplanung ist das Portal *de.omio.com/bus/frankreich*.

AUSKUNFT VOR DER REISE

- Atout France (Französische Zentrale für Tourismus)
Deutschland: *Postfach 100128 | 60001 Frankfurt | info.de@atout-france.fr*
Österreich: *info.at@france.fr*
Schweiz: *info.ch@atout-france.fr*
alle: *france.fr*
- Comité Régional du Tourisme Occitanie: *64, rue Alcyone | 34000 Montpellier | Tel. 04 30 63 84 20 | tourisme-occitanie.com*
- Agence de Développement Touristique de l'Aude*: allée Raymond Courrière | 11855 Carcassonne Cedex 9 | Tel. 04 68 11 66 00 | audetourisme.com*
- Gard Tourisme: *1, place du 8 mai 1945 | BP 122 | 30010 Nîmes Cedex 4 | Tel. 04 66 36 96 30 | tourismegard.com*
- Agence de Développement Touristique de l'Hérault: *avenue des Moulins | 34184 Montpellier Cedex 4 | Tel. 04 67 67 71 71 | herault-tourisme.com*
- Comité Départemental du Tourisme de la Lozère: *rue du Gévaudan 14 | 48001 Mende | Tel. 04 66 65 60 00 | lozere-tourisme.com*
- Comité Départemental du Tourisme des Pyrénées-Orientales: *2, boulevard des Pyrénées | 66005 Perpignan*

Cedex | Tel. 04 68 51 52 53 | tourisme-pyreneesorientales.com/de

AUSKUNFT IM INTERNET

Tourisme-occitanie.com ist das offizielle Portal für deine Ferienregion. Ferienhäuser und -wohnungen kannst du bei *gites-de-france.fr, fewo-direkt* oder *no vasol.de* finden. Weinfans informieren sich auf *vins-languedoc-roussillon.fr* oder *languedoc-wines.com. Francevelo tourisme.com* präsentiert Reiseziele und Routen für Radurlauber.

EINREISE

Eine Ausweiskontrolle findet fast nicht mehr statt. Dennoch müssen EU-Bürger und Schweizer einen gültigen Pass oder Personalausweis (und ggf. Führer- und Fahrzeugschein) bei sich haben. Das gilt auch für Kinder, sofern sie nicht im Pass der Eltern eingetragen sind.

KLIMA & REISEZEIT

An den Küsten ist das Klima ganzjährig mild, im Sommer bis zu 40°C heiß. In den Bergen putzt der Tramontane an 200 Tagen mit eiskalten, bis zu 160 km/h schnellen Böen den Himmel frei, der Marin bringt Regen übers Land.

WEITER-KOMMEN

AUTO

Das Autobahnnetz Frankreichs ist mautpflichtig. Höchstgeschwindigkeiten: auf Autobahnen 130, bei Regen 110 km/h, National- und Departement-Straßen 80, mit Mittelbarriere 90, in Ortschaften 50 km/h. Die Promillegrenze liegt bei 0,5. Motorräder müssen auch am Tag mit Abblendlicht fahren, für alle Verkehrsteilnehmer gilt das bei Regen und Nebel.

Nicht mehr gesetzlich vorgeschrieben, aber dennoch mitunter nachgefragt bei Polizeikontrollen ist ein Einweggerät für einen Alkoholtest, den du für 1,50 Euro in Apotheken, an Tankstellen und in Supermärkten erhältst. Vorgeschrieben ist das Mitführen von Warnweste (für jeden Passagier!) im Wageninneren und Warndreieck, das im Kofferraum liegen darf.

Schon bei geringen Tempolimitüberschreitungen drohen hohe Geldbußen. Bei Unfällen greift die Polizei ein, wenn Personen zu Schaden gekommen sind. Pannenhilfe *(dépanneur-remorqueur)* vermitteln die Polizei *(Tel. 17)* bzw. die Notrufsäulen an der Autobahn.

ÖFFENTLICHE VERKEHRSMITTEL

Die größeren Städte sind tagsüber problemlos mit öffentlichen Verkehrsmitteln zu erreichen. In Montpellier ist das Netz von Bussen, Straßenbahn und Radwegen so gut, dass ein Urlaub auch ohne Auto kein Problem ist *(tam-voyages.com)*. Im spärlicher besiedelten Hinterland orientieren sich Bus und Bahn an den Zeiten von Schule und Arbeit. In den Cevennen, in den Pyrenäen oder im Land der Katharer verkehren mit dem Train Rouge, Train Jaune und dem Dampfzug der Cevennen beliebte Touristenzüge.

Top ist der ÖPNV im Departement Pyrénées-Orientales, wo in Bus und

FESTE & EVENTS

RUND UMS JAHR

KARFREITAG

Procession de la Sanch: Büßerprozession in Perpignan (Foto)

ANFANG APRIL

Primavera d'Elne: Markt in Elne

MAI/JUNI

Fête de la Transhumance: Feier zum Almauftrieb von Aubrac; an einem Sonntag um den 25. Mai

Feria de la Pentecôte: Eine Woche lang feiert Nîmes mit Corridas in der Arena, Bällen und Konzerten.

JUNI/JULI

Montpellier Danse: zweiwöchiges Ballett- und Tanzfestival. *montpellierdanse.com*

Fête Nationale: Um 22.30 Uhr wird Carcassonne magisch beleuchtet, um Mitternacht schickt ganz Frankreich Feuerwerk in den Himmel. 14. Juli

Festival de la Sardane: 400 kostümierte Tänzer, hinreißende Musik, Ende Juli in Céret.

JULI/AUGUST

Festival Pablo Casals: Internationales Kammermusikfestival von Prades. Mitte Juli–Mitte August

Béziers, Nîmes und Perpignan: Donnerstags ist ***lange Einkaufsnacht*** mit Straßentheater, Musik und Tanz – kostenlos!

Les Déferlantes: Viertägiges Open-Air-Rockfestival, Argelès-sur-Mer

Festival de Peyrepertuse: riesiges Mittelalterfest Anfang August

Tournoi de Chevalerie: Ritterspiele in der Cité von Carcassonne

Feria de Béziers: viertägiges Volksfest um den 15. August – mit Musik, Tanz, Stierkämpfen und viel Stimmung

Fête de St-Louis: Fischerstechenkämpfe *(Joutes Nautiques)* in Sète am Namenstag des Heiligen Mitte August

SEPTEMBER

Festival Visa pour l'Image: Internationales Fotojournalismusfestival in Perpignan. *visapourlimage.com*

Bahn *(short.travel/lgr20)* die einfache Fahrt 1 Euro und das Wochenabonnement nur 8 Euro kostet, selbst wenn du von Perpignan aus die immerhin 100 km lange Strecke bis zur spanischen Grenze nach Bourg-Madame fährst. Der Nachteil: Es gibt keine Nord-Süd-Verbindungen zwischen den Linien, Umsteigen ist nur in Perpignan möglich.

STADTRÄDER UND E-BIKES

Erst installierten Montpellier *(tam-voyages.com),* Nîmes *(tangobus.fr)* und Perpignan *(bip-perpignan.fr)* unkomplizierte Stadtradsysteme, jetzt erobern E-Bikes die Berge und Küsten. Mit ihnen geht es von Tuchan *(veloc-tauch-tourisme.fr)* aus zu den Katharerburgen oder auf die höchsten Gipfel der Pyrenäen. Fred Maugery *(onaturel66.com)* liefert seine Power-Räder ans Urlaubsdomizil. Der eigene Drahtesel reist in TER-Regionalzügen der *SNCF (oui.sncf)* kostenlos mit.

IM URLAUB

CAMPING

Die meisten Campingplätze – mitunter riesige Anlagen – liegen an der Küste. Du findest sie online auf *campingfrance.com, camping-infrankreich.com* oder in der Broschüre „Camping-Caravaning" bei Atout France und den örtlichen Offices du Tourisme.

FKK

In rund ein Dutzend FKK-Zentren kannst du hüllenlos braun werden – in kleinen, zwischen den Dünen versteckten Clubs Naturistes wie Le Sérignan Club Nature oder in großen wie dem größten FKK-Dorf der Welt, das Cap d'Agde Naturiste Village. Informationen: *naturisme.fr* oder *campingo.com*

FOTOGRAFIEREN

In Frankreich gibt es – anders als in Deutschland – keine Panoramafreiheit. Das heißt: Jeder Bau darf nur fürs eigene Fotoalbum geknipst werden. Das gilt besonders streng für private Häuser. In der Praxis wird das Fotografieren von berühmten Bauten toleriert. Ob Kunst in Museen fotografiert und veröffentlicht werden darf, entscheidet das Urheberrecht. Und die Hausordnung der Museen.

FEIERTAGE

1. Jan.	*Jour de l'An* (Neujahr)
April	*Pâques* (Ostern)
1. Mai	*Fête du travail* (Tag der Arbeit)
8. Mai	*Fin de la Guerre* (Kriegsende 1945)
Mai	*Ascension* (Christi Himmelfahrt)
Mai/Juni	*Pentecôte* (Pfingsten)
14. Juli	*Fête Nationale* (Nationalfeiertag)
15. Aug.	*Assomption* (Mariä Himmelfahrt)
1. Nov.	*Toussaint* (Allerheiligen)
11. Nov.	*Armistice* (Kriegsende 1918)
25. Dez.	*Noël* (Weihnachten)

GELD & KREDITKARTEN

Auch in Frankreich werden durch Karten- und Mobilzahlung die Geldautomaten immer weniger. Doch in ländlichen Regionen ist Bargeld noch die beste Option. Das Zahlen mit ec- oder Kreditkarten (Mastercard, Visa), Apple und Google Pay ist wesentlich verbrei

WAS KOSTET WIE VIEL?

Kaffee	3,30 Euro *für eine Tasse am Tisch*
Bus	1 Euro *pauschal für eine Fahrt*
Wein	ab 4,40 Euro *für eine Karaffe (0,25 l)*
Museum	3–18 Euro *für den Eintritt*
Benzin	um 1,65 Euro *für 1 l Super 95*
Fahrrad	ab 70 Euro *für die Miete pro Woche*

teter als in Deutschland, auch bei kleineren Beträgen.

INTERNETZUGANG & WLAN

Frankreich ist bestens für mobilen Internetzugang ausgerüstet. Auf öffentlichen Plätzen, in Parks, Einkaufszentren und Museen sind WLAN-Verbindungen allgegenwärtig.

KURTAXE

Taxe de séjour wird in der Saison für alle Unterkünfte, Hotels, Ferienwohnungen und Campingplätze erhoben, allerdings ist der Zeitraum für die einzelnen Badeorte nicht einheitlich. Der Betrag ist es auch nicht: er reicht von 0,22 bis 1,65 Euro pro Person am Tag.

ÖFFNUNGSZEITEN

Frankreich hat kein Ladenschlussgesetz wie Deutschland. Geschäfte öffnen meist montags bis samstags 9–19 Uhr, kleinere Läden machen Mittagspause. Große Shoppingmalls, Einkaufszentren und Lebensmittelläden öffnen häufig auch sonntags.

TELEFON & HANDY

Frankreich telefoniert mobil oder über VoIP. Vorwahlen: nach Deutschland *0049,* nach Österreich *0043,* in die Schweiz *0041.* Nach Frankreich wählt man *0033,* dann die Teilnehmernummer, ohne Null am Anfang.Achtung: In manchen Regionen wie den Schluchten des Tarn oder Le Pont-de-Montvert oder in manchen Tälern der Pyrenäen finden mobile Telefone kein Netz.

TOILETTEN

Ganz einfach: Wer im Café aufs Klo gehen will, kauft vorab einen Kaffee am Tresen oder ein anderes Getränk. Sonst wird der Wirt sauer. Am Strand findest du kostenlose öffentliche Toilettenbungalows, in der Stadt haben Museen die saubersten WCs.

TRINKGELD

Im Restaurant wird nach oben bis zu zehn Prozent aufgerundet; den Betrag lässt man auf dem Tisch liegen. Im Hotel freuen sich Portier und Zimmerservice über ein Trinkgeld, im Taxi sind zehn Prozent üblich.

UNTERKUNFT

Die Preisunterschiede zwischen der Hochsaison im Juli/August und den ruhigeren Monaten, Mai, Juni und Oktober etwa, sind enorm.
Internationale Hotelketten bieten

selbst in Städten wie Montpellier zum Teil ein sehr gutes Preis-Leistungs-Verhältnis. Dasselbe gilt für die weit verbreiteten Häuser der Kette *Logis de France (logishotels.com).*

Die lokalen Verkehrsämter führen Adressen von *chambres d'hôtes,* die französische Version des Bed & Breakfast. Der Dachverband ist der *Gîtes de France (gites-de-france.com),* es gibt eine Nummer für Reservierungen in letzter Minute *(Allo Chambres d'Hôtes | Tel. 08 91 16 22 22).* Weitere Dachverbände für Gästezimmer in Frankreich sind *Fleurs de Soleil (fleursdesoleil.fr)* oder *Clévacances (clevacances.com).*

Eine Fülle von Adressen, zum Teil auch von Biobauernhöfen, bietet der Nationalverband *Accueil Paysan (accueil-paysan.com).* So sind nicht nur klassische Gästezimmer, sondern vor allem die in Frankreich sehr beliebten Ferienwohnungen auf dem Land *(gîte rural)* in ihrem Programm, die allerdings oft erst ab einer Mietzeit von einer Woche, normalerweise von Samstag bis Samstag, gebucht werden können.

Größter französischer Anbieter für Ferienimmobilien ist *Pierre & Vacances (pierreetvacances.com),* zu den größten deutschen Anbietern gehört *Inter-Chalet (interchalet.de).* Ferienhäuser von privat findest du bei *fewo-direkt.de.* Jugendherbergen *(fuaj.org)* gibt es in der Region Languedoc-Roussillon zum Beispiel in Montpellier, in der mittelalterlichen Cité von Carcassonne, in Nîmes, Perpignan und Sète.

GRÜN & FAIR REISEN

Du willst beim Reisen deine CO_2-Bilanz im Hinterkopf behalten? Dann kannst du deine Emissionen kompensieren *(atmosfair.de; myclimate.org),* deine Route umweltgerecht planen *(routerank.com)* oder auf Natur und Kultur *(gate-tourismus.de)* achten. Mehr über ökologischen Tourismus erfährst du hier: *oete.de* (europaweit); *germanwatch.org* (weltweit).

VERANSTALTUNGEN

Konzerte, Ausstellungen und viele andere Kulturveranstaltungen. Mit den *Cartes Blanches* kannst zu in der Region Okzitanien Kunst und Kultur kostenlos erleben – Infos dazu gibt es für die Events in der Tagespresse.

ZOLL

Innerhalb der EU dürfen Waren für den privaten Bedarf frei ein- und ausgeführt werden. Richtwerte hierfür sind zum Beispiel 800 Zigaretten, 1 kg Tabak und 10 l Spirituosen. Für Schweizer gelten erheblich niedrigere Freimengen. Aktuelle Informationen: *zoll.de; ezv.admin.ch*

NOTFÄLLE

DIPLOMATISCHE VERTRETUNGEN

– Deutsches Konsulat in Marseille: 10, place de la Joliette | Tel. 04 91 16 75 20 | allemagneenfrance.diplo.de

- Österreichisches Konsulat in Marseille: 10, rue Stanislas Torrents | Tel. 06 42 14 85 58 | bmeia.gv.at
- Schweizer Konsulat in Marseille: 7, rue d'Arcole | Tel. 04 96 10 14 10 | eda.admin.ch

NOTRUF
Polizei, Notarzt, Feuerwehr: *Tel. 1 12*

GESUNDHEIT
Falls du die Europäische Krankenversicherungskarte EHIC nicht dabeihast oder bei einer Behandlung Zusatzkosten entstehen, legst du die Arzt- und Apothekengebühren aus und reichst die Belege der heimischen Kasse zur Erstattung ein. Um einen eventuellen Eigenanteil abzudecken, ist es ratsam, eine Reisekrankenversicherung abzuschließen.

WICHTIGE HINWEISE

Sie unterbrechen mit Störsendern das Signal des Funkschlüssels: Besonders in den Ferienzeiten sind die Autoknacker unterwegs. Und Banden, die Unfälle fingieren – um dich auszurauben. Lass nichts im Innenraum liegen, schon gar nicht an Parkplätzen am Strand. Und nimm ggf. auch die Mautbox von der Scheibe! Am besten stellst du deinen Wagen nachts in Hotelgaragen bzw. auf gesicherten Parkplätzen ab – ohne jedes Gepäck.
Komm auf keinen Fall auf die Idee, im Freien ein Feuer zu entfachen! Die Waldbrandgefahr ist im Sommer in Südfrankreich extrem hoch.

WETTER IN PERPIGNAN

Hauptsaison
Nebensaison

	JAN.	FEB.	MÄRZ	APRIL	MAI	JUNI	JULI	AUG.	SEPT.	OKT.	NOV.	DEZ.
Tagestemperaturen	12°	13°	16°	19°	22°	26°	29°	28°	25°	20°	16°	13°
Nachttemperaturen	4°	5°	7°	10°	13°	16°	19°	19°	17°	12°	8°	5°
Sonnenschein Stunden/Tag	5	6	7	8	9	9	10	9	8	6	5	4
Niederschlag Tage/Monat	7	6	8	7	9	7	5	6	7	8	6	9
Wassertemperatur in °C	12	12	12	13	15	18	20	21	20	17	15	13

Sonnenschein Stunden/Tag   Niederschlag Tage/Monat   Wassertemperatur in °C

SPICKZETTEL FRANZÖSISCH

SMALLTALK

ja/nein/vielleicht	oui/non/peut-être	ui/nong/pöhtätr
bitte	s'il vous plaît	ßil wu plä
danke	merci	märßih
Gute(n) Morgen!/Tag!/ Abend!/Nacht!	Bonjour!/Bonjour!/ Bonsoir!/Bonne nuit!	bongschuhr/ bongschuhr/bongßoar/ bonn nüi
Hallo!/Tschüss!/Auf Wiedersehen!	Salut!/Salut!/Au revoir!	ßalü/ßalü/o rövoar
Ich heiße …	Je m'appelle …	schö mapäll …
Ich komme aus …	Je suis de …	schö süi dö …
Entschuldigung!	Pardon!	pardong
Wie bitte?	Comment?	kommang
Das gefällt mir (nicht).	Ça (ne) me plaît (pas).	ßa (nö) mö plä (pa)
Ich möchte …	Je voudrais …	schö wudrä
Haben Sie?	Avez-vous?	aweh wu

ZEIGEBILDER

ESSEN & TRINKEN

Die Speisekarte, bitte.	La carte, s'il vous plaît.	la kart ßil wu plä
Könnte ich bitte … haben?	Puis-je avoir … s'il vous plaît?	püischö awoar … ßil wu plä
Flasche/Karaffe/Glas	bouteille/carafe/verre	buteij/karaf/wär
Messer/Gabel/Löffel	couteau/fourchette/cuillère	kutoh/furschät/küijär
Salz/Pfeffer/Zucker	sel/poivre/sucre	ßäl/poawr/ßükr
Essig/Öl	vinaigre/huile	winägr/üil
Milch/Sahne/Zitrone	lait/crème/citron	lä/kräm/ßitrong
mit/ohne Eis/Kohlensäure	avec/sans glaçons/gaz	awäk/ßang glaßong/gaß
Vegetarier(in)	végétarien(ne)	weschetarijäng/weschetarijänn
Ich möchte zahlen, bitte.	Je voudrais payer, s'il vous plaît.	schö wudrä pejeh ßil wu plä

NÜTZLICHES

Wo ist …?/Wo sind …?	Où est …?/Où sont …?	u ä …/u ßong …
Wie viel Uhr ist es?	Quelle heure est-il?	käl ör ät il
heute/morgen/gestern	aujourd'hui/demain/hier	oschurdüi/dömäng/jähr
Wie viel kostet …?	Combien coûte …?	kombjäng kuht …
Wo finde ich einen Internetzugang/WLAN?	Où puis-je trouver un accès à internet/wi-fi?	u püische truweh äng akßä a internet/wifi
Hilfe!/Achtung!	Au secours!/Attention!	o ßökuhr/attangßjong
Fieber/Schmerzen	fièvre/douleurs	fiäwrö/dulör
Apotheke/Drogerie	pharmacie/droguerie	farmaßi/drogöri
offen/geschlossen	ouvert/fermé	uwär/färmeh
gut/schlecht	bon/mauvais	bong/mowä
links/rechts/geradeaus	à gauche/à droite/tout droit	a gohsch/a droat/tu droa
Panne/Werkstatt	panne/garage	pann/garahsch
Fahrplan/Fahrschein	horaire/billet	orär/bije
0/1/2/3/4/5/6/7/8/9/10/100/1000	zéro/un, une/deux/trois/quatre/cinq/six/sept/huit/neuf/dix/cent/mille	sero/äng, ühn/döh/troa/katr/ßänk/ßiß/ßät/üit/nöf/diß/ßang/mil

LESESTOFF & FILMFUTTER

ROSENWEIN UND APFELTARTE
Im Languedoc entdeckt Alexandra die Sinnlichkeit und Leichtigkeit des Lebens. Und gerät, als ihre Kinder plötzlich verschwinden, in einen Strudel ungeahnter Ereignisse. Spannung und Herzblut von Yvonne Jarré auf 304 Seiten. 2018

IN TIEFEN SCHLUCHTEN
Anne Chaplet verknüpft mit Hochspannung Mord und Languedoc-Historie. In Band eins ihrer Krimiserie lässt sie Anwältin Tori Godon ermitteln: Was hat der Mord eines Dörflers mit den Hugenotten zu tun? 2017

BETTY BLUE – 37,2°C AM MORGEN
Béatrice Dalle, alias „Betty", maßlos schön, maßlos sinnlich, maßlos verliebt in Zorg. Und doch einsam. Und so wütend, dass sie ein Haus abfackelt in Gruissan. Der Film (1986) von Jean-Jacques Beineix nach einem Roman von Philippe Djian ist Kult in Frankreich.

COUSCOUS MIT FISCH
Sète bildet die Kulisse dieses preisgekrönten Films (2007) von Abdellatif Kechiche. Die bewegende Geschichte eines tunesischen Einwanderers, der vom eigenen Restaurant träumt.

PLAYLIST QUERBEET

0:58

II **CALI – C'EST QUAND LE BONHEUR?**
Mit dieser Hymne stieg der Singer-Songwriter aus Perpignan zu Frankreichs bestbezahltem Rockbarden auf.

▶ **OLIVIA RUIZ – LA FEMME CHOCOLAT**
Die Sängerin und Schauspielerin aus Carcassonne hat sich mit diesem frechen Hit in die Herzen der Nation gesungen.

▶ **JULIEN DORÉ – LE LAC**
Der Castingshow-Gewinner („Nouvelle Star") landet seit 2015 Hits.

▶ **JAIN – COME!**
Mit dem Sommerhit 2019 knüpfte die Toulouserin Jain an ihre großen Erfolge der Jahre 2015/16 an.

▶ **BIGFLO & OLI – BIENVENUE CHEZ MOI**
Humorvolle Hommage der Brüder an Toulouse – Rap auf Französisch und sehr sympathisch.

Den Soundtrack zum Urlaub gibt's auf **Spotify** unter **MARCO POLO France**

Oder Code mit Spotify-App scannen

AB INS NETZ

LENACHBAR.WORDPRESS.COM
Aktuell und hintergründig berichtet der freie Korrespondent Michael Neubauer über Entwicklungen und kulturelle Besonderheiten in Frankreich.

FRANZOESISCHKOCHEN.DE
Tipps und Rezepte aus dem Nachbarland von Aurélia Bastian – wunderschön fotografiert und kinderleicht nachzukochen.

MEINFRANKREICH.COM
Der Blog der MARCO POLO Autorin Hilke Maunder: Jede Woche gibt es Gastro- und Reisetipps, Trends und Hintergründe aus der Wahlheimat der Hamburgerin. Folge ihr auf Instagram: instagram.com/mein_frankreich

ZEVISIT.COM
Video- und Audioguides über Städte und Landschaften in Frankreich – die meisten auf Französisch oder Englisch, einige aber auch auf Deutsch

LE PETIT AGENDA
Was läuft wo? Wo finden Livemusik, Flohmärkte und Festivals statt im Roussillon? Das verrät diese App.

Weißt du, wie das Languedoc-Roussillon tickt? Teste hier dein Wissen über die kleinen Geheimnisse und Eigenheiten von Land und Leuten. Die Lösungen findest du in der Fußzeile. Und ganz ausführlich auf den S. 16–25.

❶ Was ist ein Pavillon Bleu?
a) Verleih für Strandbedarf
b) Qualitätssiegel für Badeorte und Häfen
c) Art-Déco-Gebäude in Montpellier

❷ Welcher Künstler machte Céret berühmt?
a) Johnny Hallyday
b) Beyoncé
c) Pablo Picasso

❸ Wer ist der geistige Vater des Katharismus?
a) Zarathustra
b) Nietzsche
c) Ludwig XIV.

❹ Wo findest du *guinguettes?*
a) In der Stadt
b) In den Bergen
c) Am Wasser

❺ Warum ist die Feria umstritten?
a) Sie lässt das Töten von Stieren zu
b) Sie verbietet das Tragen von Burkinis am Strand
c) Sie verwendet Pelz für ihre Mode

❻ Was unterscheidet die Macchia von der *garrigue?*
a) Die Pflanzen wachsen viel höher
b) Die Vielfalt der Pflanzenarten ist größer
c) Gar nichts, je nach Region wird der eine oder der andere Begriff verwendet

Lösungen: 1b, 2c, 3a, 4c, 5a, 6a, 7b, 8b, 9a, 10b, 11a

Kühe auf ihrem Weg im Frühjahr auf die Alm

❼ Wer waren die Katharer?

a) Bootsbauer, eingewandert aus Spanien
b) Christen des Mittelalters
c) Weinhändler in der Antike

❽ Was ist eine *course camarguaise*?

a) Ein beliebter Volkslauf in der Camargue
b) Ein Stierkampf, bei dem kein Blut fließt
c) Ein typischer, sehr scharf gewürzter Eintopf der Region

❾ Was ist mit *transhumance* gemeint?

a) Almauftrieb und -abtrieb von Kühen
b) Krankheitsübertragung vom Tier auf den Menschen
c) Bezeichnung für intensive zwischenmenschliche Zuneigung

❿ Wo landen im Languedoc angeblich Ufos?

a) Am Cap Béar an der Küste von Vermeille
b) Auf dem Pech de Bugarach im Mittelgebirge Corbières
c) Auf dem Pic du Canigou in den Pyrenäen

⓫ Wer begleitete Schriftsteller Robert Louis Stevenson auf einer zweiwöchigen Wanderung?

a) Modestine, eine Eselin
b) Rose, ein Hausschwein
c) Balou, ein Berner Sennenhund

REGISTER

LOB ODER KRITIK? WIR FREUEN UNS AUF DEINE NACHRICHT!

Trotz gründlicher Recherche schleichen sich manchmal Fehler ein. Wir hoffen, du hast Verständnis, dass der Verlag dafür keine Haftung übernehmen kann.

MARCO POLO Redaktion • MAIRDUMONT • Postfach 31 51
73751 Ostfildern • info@marcopolo.de

Impressum
Titelbild: Carcassonne (Huber-images: F. Carovillano)
Fotos: B. Göttlicher (80); Hilke Maunder (143); laif: M. Gumm (33 re.), B. Morandi (20/21), M. Riehle (40/41, 94); laif/Aurora: D. Clapp (75); laif/hemis.fr: J.-M. Barrere (16/17), M. Cavalier (37, 48, 100/101, 121, 138/139), J.-P. Degas (14/15, 62, 85), P. Frilet (108), Frumm (87), P. Jacques (105), R. Mattes (92, 115); laif/Le Figaro Magazine: Martin (99); laif/Loop Images: N. Isakova (2/3), K. Nah (60); laif/REA: A. Gelebart (12, 25), P. Merimee (32/33); laif/robertharding: D. Clapp (53), M. Mawson (70/71, 89); mauritius images/Alamy: R. Bouvier (116), Digitalman (34/35, 82), E. Ereza (28/29), J. Knott (Klappe hinten), H. Maunder (124), G. Munday (90), D. Zylberyng (141); mauritius images/Foodanddrinkphotos: T. Hill (29 re.); mauritius images/Hemis.fr: G. Christian (118/119), P. Escudero (126), R. Mattes (55, 112), A. Spani (51); mauritius images/Hemis.fr.: R. Mattes (6/7); mauritius images/Iconotec/Alamy (131); mauritius images/John Warburton-Lee: S. Egan (13); mauritius images/nature picture library/Wild Wonders of Europe: Arndt (66); mauritius images/Photononstop: G. Labriet (106); shutterstock: Beka31 (22), S. Geus (111), S. Goujon (26/27), JaySi (128/129), V. Kiev (45), J. Paris (65), Picturereflex (58), D. Ridley (11), saiko3p (Klappe vorne außen, Klappe vorne innen), StevanZZ (8/9), trabantos (10, 47, 56, 69, 79, 97), N. Vincent (76)

9. Auflage 2022, komplett überarbeitet und neu gestaltet

Autoren: Hilke Maunder, Axel Patitz; Redaktion: Leonie Neumann; Bildredaktion: Susanne Mack
Kartografie: © MAIRDUMONT, Ostfildern (S. 38–39, 120, 123, 127, Umschlag außen, Faltkarte); © MAIRDUMONT, Ostfildern, unter Verwendung von Kartendaten von OpenStreetMap, Lizenz CC-BY-SA 2.0 (S. 42–43, 72–73, 102–103)
Als touristischer Verlag stellen wir bei den Karten nur den De-facto-Stand dar. Dieser kann von der völkerrechtlichen Lage abweichen und ist völlig wertungsfrei.
Gestaltung Cover, Umschlag und Faltkartencover: bilekjaeger_Kreativagentur mit Zukunftswerkstatt, Stuttgart
Gestaltung Innenlayout: Langenstein Communication GmbH, Ludwigsburg
Spickzettel: in Zusammenarbeit mit PONS GmbH, Stuttgart
Texte hintere Umschlagklappe: Lucia Rojas
Konzept Coverlines: Jutta Metzler, bessere-texte.de

MIX
Paper | Supporting responsible forestry
FSC® C018236
www.fsc.org

Printed in Poland

MARCO POLO AUTORIN
HILKE MAUNDER
Vom Pont du Gard in den Gardon springen, wild campen an den einsamen Stränden des Languedoc, auf Katharerburgen herumkraxeln: Bei der Interrail-Tour ihrer Jugend waren Languedoc, Roussillon und Cevennen noch kaum touristisch erschlossen. Heute hat die Hamburger Journalistin und Bloggerin dort eine zweite Heimat gefunden: in St-Paul-de-Fenouillet im Herzen des künftigen Naturparks Corbières-Fenouillèdes.

BLOSS NICHT!

FETTNÄPFCHEN UND REINFÄLLE VERMEIDEN

MIT BILLIGWEIN AUFTAUCHEN

Du hast Franzosen kennengelernt, und sie haben dich eingeladen. Dann lauf bloß nicht in den Supermarkt, um eine Flasche Wein zu kaufen. Investier in einen schönen Tropfen aus der örtlichen Kellerei oder von einem privaten Winzer. Franzosen messen am Wein den Grad der Freundschaft und Sympathie – und das sollte dir etwas wert sein.

FALSCH ANGEZOGEN SEIN

Ob beim Wandern in Bergen und Schluchten, beim Grottenbesuch oder beim Segeln: Auch im tiefen Süden kann es plötzlich kalt, sehr kalt werden, besonders in einer Höhle. Nimm immer ein warme Fleecejacke oder einen Windbreaker mit, wenn du unterwegs bist.

MECKERN

Franzosen reagieren sehr empfindlich, wenn man sie kritisiert. Und besonders, wenn die Kritik nach deutscher Art direkt und offen ausgeübt wird. Besser kommt es an, wenn man erst lobt, und dann im Nachsatz die Kritik als Verbesserungsvorschlag anbringt. So wahrt der Franzose sein Gesicht, und weiß doch genau, was dich stört oder ärgert.

DUZEN

„Tu" – „Du" sagen Franzosen erst, wenn sie jemanden richtig gut kennen. Unter jüngeren Leuten ist das Duzen verbreiteter. Doch selbst da nicht immer üblich. Beliebt ist die Kombi Vorname + vous. Sieze (vous) besser erst, bis Franzosen das „Du" anbieten.

WILD CAMPEN

So verlockend ein schönes Plätzchen in freier Natur sein mag, um dort für eine Nacht sein Zelt aufzuschlagen – überleg es dir besser dreimal, ob das wirklich sein muss. Viele Grundbesitzer sehen es ausgesprochen ungern. Schon anders verhält es sich, wenn du vorher um Erlaubnis fragst.